上海市应用型本科社会工作专业建设项目系列丛书

上海政法学院社会工作丛书编写组　组织编写

SHEHUI GONGZUO YU
SHEHUI ZHILI

社会工作与社会治理

梁德阔 ◎ 著

知识产权出版社
全国百佳图书出版单位
—北京—

图书在版编目（CIP）数据

社会工作与社会治理／梁德阔著 . —北京：知识产权出版社，2024.12
（上海市应用型本科社会工作专业建设项目系列丛书）
ISBN 978-7-5130-8583-0

Ⅰ.①社… Ⅱ.①梁… Ⅲ.①社会工作—研究—中国②社会管理—研究—中国 Ⅳ.①D63

中国国家版本馆CIP数据核字（2023）第000333号

责任编辑：雷春丽　　　　　　　　责任校对：谷　洋
封面设计：乾达文化　　　　　　　　责任印制：孙婷婷

社会工作与社会治理

梁德阔　著

出版发行：知识产权出版社有限责任公司	网　　址：http://www.ipph.cn
社　　址：北京市海淀区气象路50号院	邮　　编：100081
责编电话：010-82000860转8004	责编邮箱：lawpub124@163.com
发行电话：010-82000860转8101/8102	发行传真：010-82000893/82005070/82000270
印　　刷：北京九州迅驰传媒文化有限公司	经　　销：新华书店、各大网上书店及相关专业书店
开　　本：720mm×1000mm　1/16	印　　张：14.5
版　　次：2024年12月第1版	印　　次：2024年12月第1次印刷
字　　数：205千字	定　　价：98.00元
ISBN 978-7-5130-8583-0	

出版权专有　侵权必究
如有印装质量问题，本社负责调换。

序　　言

我国社会发展已经进入新的发展阶段和历史时期。党的十九大报告指出"我国社会主要矛盾已经转化为人民日益增长的美好生活需要和不平衡不充分的发展之间的矛盾"。我国社会发展的目标不再局限于经济的增长，而是扩展到社会生活的各个方面。缩小收入差距，消除贫困，让不同的社会阶层都能享受到改革开放和经济增长的成果，就成了社会发展和社会治理的主要目标。这一目标的实现，不但需要政府机构、有关部门与公务人员的努力，也需要社会组织、社会机构和广大人民群众的参与。"共享、共建、共治"成为创造社会治理新格局的重要途径。

在解决社会主要矛盾，促进社会积极发展和社会治理新格局的形成过程中，社会工作就成为一种不可或缺的重要力量。社会工作专业是以以人为本、助人自助、平等公正等为价值观念，以尊重人和价值中立、自决和保密为职业原则，运用专业知识、专业技能与专业方法，通过激发服务对象的内在动力、整合社会资源、协调社会关系等途径，帮助处于社会弱势地位的个人、群体和社区，恢复、改善和发展其社会功能，克服困难、解决问题、摆脱困境并预防问题的发生的专业。如果说社会学的重要价值就是发现社会问题，分析产生社会问题的原因，那么社会工作的价值就是救助社会弱势群体、解决社会问题，促进社会公平正义的实现。从这个意义上说，社会工作专业在我国目前的社会建设和社会发展中的作用会越来越大，社会生活的各个领域对社会工作专业人才的需求将越来越多。为了适应社会对社会工作专业的要求，培养具有理论素养与实践能力的社会工作专业人才就成了社会工作专业教育的重要职责。

上海政法学院于2005年设立社会工作专业，专门培养社会工作专业人才，在十几年的专业建设中，我们始终把培养具有完整的生命意识和助人自助的专业理念，掌握个案工作、小组工作和社区工作方法与帮助社会弱势群体、解决社会问题能力的社会工作人才作为目标。经过专业教师十几年的努力，上海政法学院在应用型、复合型社会工作专业人才培养模式方面走出了一条自己的专业发展之路，探索出了具有自己专业特色的人才培养模式。上海政法学院社会工作专业2009年成为上海市教育高地建设专业，2010年成为以培养司法社工为特色的教育部认定的第六批国家特色专业，2017年成为上海市应用型本科专业。我们依托上海市教育高地和国家特色平台，探索应用型、复合型社会工作人才培养模式，以终身学习理念为指导，培养学生终身学习能力；以三十几家实践基地为平台，巩固学生专业理念与促进学生专业技能的提升；以多元智能理论为基础，建立多样化的学生专业能力评价体系；以开放的态度扩大对外交流；以精益求精、追求卓越的精神打造双师型专业教师队伍。

上海市应用型本科社会工作专业建设项目系列丛书是上海政法学院应用型社会工作专业人才培养建设项目的重要成果，它反映了上海政法学院社会工作专业建设的水平与成就。本丛书立足基层，结合鲜活的社会工作事例，选取社会工作重点服务对象，如社区老人、家庭弱势成员、失业青年、重病患者等，从制度构建、服务模式、心理疏导、社会资源调动等综合视角阐释如何发挥社会工作的作用，提高社会救助水平和社会服务能力，为促进社会公平正义的实现和社会治理水平的提升发挥社会工作的专业价值。

本丛书作者都是长期从事社会工作专业教学与实践研究的老师，不但具有一定的社会工作与社会学的理论造诣，也具有丰富的实践经验。我们组织撰写本丛书的核心目标就是为培养应用型社会工作人才和社会治理人才服务。希望通过我们的努力培养出既有社会工作专业理论，又有关注社会问题与解决社会问题能力的专业人才。为了实现这个目标，我们在组织撰写本丛书时，注重社会工作理论与社会实践的结合，注重社会工作理论和伦理的本土化，注重社会工作方法与我国社会工作实际的结合。具体来说，本丛书做到了三个统一。

第一，社会工作理论与社会工作实践经验的统一。本套应用型社会工作人才培养丛书涉及的话题都与社会生活中出现的问题有关。这些问题的解决，需要以社会工作理论为指导，寻求解决问题的方法。我们追求理论性与实践性的统一。

第二，社会工作发展规律与中国社会工作本土特色的统一。社会工作作为一门专业，起源于西方，目前的专业理论与方法都具有西方文化的痕迹。在我国社会工作专业发展过程中，一方面我们需要掌握社会工作专业发展理论，遵循专业发展规律；另一方面我们又不能简单、生硬地理解这些规律，还需要探索适应中国文化传统与民族文化理念的社会工作方法。因此，在本丛书的撰写过程中，我们追求社会工作发展规律与本土化实践的结合。

第三，社会工作专业领域丰富性与社会工作对象聚焦性的统一。本丛书涉及的领域具有多样性，如青少年犯罪的预防、司法社会工作的实践模式探索、学校社会工作的理论与实践、心理治疗模式在社会工作领域的应用、失业青年抗逆力建设以及医疗社会工作、心理咨询与辅导等都是我们涉猎的话题。虽然涉及的领域具有多样性，但是每一个问题都是现代社会生活中需要关注的问题，所有问题都聚焦于发挥社会工作专业在现代社会治理中的作用。

本丛书撰写团队的所有成员，都是抱着真诚的态度从事这项工作的。希望我们的努力能为中国社会工作专业人才的培养工作发挥积极作用。我们也知道本丛书还存在不少的问题，我们愿意以真诚的态度与社会工作专业领域的学者和实务工作者交流，也渴望得到大家的指导与帮助。

  本丛书得以出版与很多人的努力分不开。作为丛书的组织者，我真诚地感谢所有参与丛书撰写的成员，没有团队成员的参与，本丛书不可能完成；感谢知识产权出版社的领导与编辑们精心策划与审稿，他们的努力工作保证了本丛书的质量，特别感谢雷春丽编辑，她一丝不苟、兢兢业业的工作态度和严谨认真的工作方法使我们受益匪浅；感谢社会工作专业从成立到现在的所有学生，他们在专业学习中的发问与研讨学习中的参与给老师们很多有益的启发；感谢社会工作专业实践基地的实务专家，他们为我们提供了大量的实践案例与实务经验，丰富了本丛书的内容；感谢虽未参与丛书撰写，但一直从事社会工作专业与社会学专业教学的同事，本丛书的内容包含着他们理论与实践经验和辛勤工作的汗水；感谢我们所处的这个时代，时代的要求和发展进程为社会工作专业提供了可以发挥作用的舞台。

  本丛书的出版不是我们探索社会工作专业人才培养途径和模式的结束，而是新征途的开始。我们抱着不悔过去、不负现在、不惧未来的态度，抱着爱和责任统一的理念，将继续在社会工作专业人才培养中探索。我们也期待在下一个十五年，社会工作专业在我国社会治理和社会建设中发挥更大的作用。

上海政法学院应用型社会工作专业本科人才培养项目负责人
上海政法学院社会工作专业硕士（MSW）教育项目负责人　张可创
2021年1月于上海佘山野马浜

前　　言

本书分为五章，依次是民间纠纷调解、城市社区治理、农村城镇化、社会工作评估和社会治理能力现代化。各章独立成篇，既有理论分析又有实证研究。因社会工作是社会治理的一部分，故本书命名为《社会工作与社会治理》，既强调两者的层级关系，也体现社会工作专业品格。本书的主要内容、理论观点、学术价值和现实意义主要体现在以下几个方面。

一、民间纠纷调解

第一，民间纠纷调解的对象、人民调解的适用范围。人民调解以化解民间纠纷为目的，界定民间纠纷是理解人民调解适用范围的关键。从民俗学视角考察，民间纠纷是指熟人之间因日常生活事件而引发的纠纷，这不同于《民间纠纷处理办法》的法学定义。民间纠纷的主体是"民"，"民"之间是熟人关系。"民间"具有非官方、乡村和传统等的内涵，它是民间纠纷发生的场域。民间纠纷指向日常生活，不同于法律纠纷。没有"民""民间"属性和日常生活指向的纠纷不是民间纠纷。民间纠纷的主体、场域和指向限定了人民调解的适用范围。

第二，人民调解权威的正当性及其结构-功能分析。与司法调解和行政调解相比，人民调解是合意性、正当性最强的调解方式，它充分尊重当事人的意愿，有多种权威主体参加。传统型权威根据悠久规则和权力谱系获得正当性，表现为长老调解和宗族调解。[1] 卡里斯玛型权威具有超自然的和超人的力量和素质，如道德楷模和地方精英。[2] 法理型权威源自非人格的法律规章，人民调解应当避免司法化倾向。[3] 三种权威类型需要整合起来，形成合力，外部功能整合要做到"三调联动"，内部功能整合应邀请多元权威主体参与，显功能和潜功能整合须重视传统型权威和卡里斯玛型权威在民间纠纷化解中的重要作用。

第三，"六尺巷"调解的社会文化逻辑。"千里家书只为墙，让他三尺又何妨。万里长城今犹在，不见当年秦始皇。"由诗可见，张家和吴家争的不是区区三尺地基，而是面子，斗的是"气"。中国人爱面子，由生理功能、地位象征、心理表现、人格标记等多方面因素决定。张英崇尚礼让精神，并用礼让化解老家纠纷。礼让精神是我国传统美德，它推崇和谐，体现"不争而胜"的生存智慧。"六尺巷"调解表明乡土熟人社会遵守"情面原则"，讲究面子平衡法则，展现面子调解技艺。面子调解要重视主体间性，学会换位思考。

二、城市社区治理

第一，城市高空坠物整治。治理高空坠物隐患，可以防范"悬在城市上空的痛"，体现以人民为中心，努力为群众办实事。做好高空坠物整治工作，需要构建多元共治格局，提高居民安全意识，细化检查清单，全面排查有关隐患。在全面摸清高空坠物底情基础上，重点整治高空坠物隐患，压紧压实主体治理责任，多元化解高空坠物矛盾纠纷。业主作为建筑物专有部分的所有权人，对专有部分物件坠落造成损害时，应当承担相应的民事侵权责任。小区建筑物共有部分坠落造成他人损害的，业主委员会

---

[1] 马克斯·韦伯. 经济与社会：第一卷 [M]. 阎克文, 译. 上海：上海人民出版社, 2010：333.
[2] 马克斯·韦伯. 经济与社会：第一卷 [M]. 阎克文, 译. 上海：上海人民出版社, 2010：351.
[3] 马克斯·韦伯. 经济与社会：第一卷 [M]. 阎克文, 译. 上海：上海人民出版社, 2010：324.

不能证明自己没有过错时，应当承担侵权责任，损害赔偿后果由全体业主共同承担。

第二，城市社区协商治理。社区协商治理的价值取向是：以人民为中心，维护居民权益；人民当家作主，提高社区自治；包容贵和，促进社区和谐；多元协商，寻求最大公约数。社区协商治理的基本内涵是：通过协商民主达成社区共识，多元主体参与社区建设，以协商治理化解社区矛盾，社区发展成果惠及全体居民。

三、农村城镇化

第一，农村城镇化研究。土地、人口、工业的集中，产业结构、就业结构、空间结构的转变是内生型农村城镇化的生成机制。内生型农村城镇化的初始动力是人地矛盾，后续动力是乡镇企业的发展。外生型农村城镇的生成机制是工业、人口、土地集中带来的配套设施，需要优越的区位条件、较大的利益驱动、完善的市场机制和最小的制度障碍。

第二，小城镇经济发展的动力机制。小城镇经济发展的内在规律是集聚效应，有利条件是区位优势，直接原因是利益驱动，直接动力是产业结构转换。

四、社会工作评估

第一，非营利组织培训公务员项目评估。通过第三方对非营利组织的培训能力、需求、过程、影响进行评估，可以发现，非营利组织有能力承担公务员培训项目，培训内容更加实用，培训方式更加新颖。

第二，高中阶段中外合作办学机构评估。以上海市为例，从基础条件、办学模式、课程设置、风险预防等方面评估中外合作高中。教育股份合作制模式解决了资本的寻利性和教育的公益性之间的矛盾，美国全球通用证书考试课程可以发挥上海市基础教育扎实的优势。

第三，音频党课直播效果评估。音频党课传播范围之广、收听人次之众、党员热情之高、播出反响之强，主要得益于党课内容扎实和上课形式新颖。

五、社会治理能力现代化

第一，弘扬抗疫医护人员的职业精神。抗疫医护人员恪尽职守，救死扶伤，这是因为医护职业具有神圣性。医护人员关心爱护感染新冠病毒患者，用"仁术"彰显"仁心"，党员医护人员全心全意为人民服务，用实际行动践行党的初心使命，在抗疫中发挥了先锋模范作用。从救死扶伤到医者仁心，是抗疫医护人员的职业精神的升华，更高层次是党性修养。

第二，社会治理法治化。立法先行是法治化前提，需要加快社会法的立法进程，完善网络信息治理法律法规，健全社会组织立法。司法公正是法治化底线，保障司法机关依法独立行使司法权，强化程序意识和程序正义，妥善推进能动司法。依法行政是法治化关键，建设法治政府是依法行政的根本目标。法律监督是法治化保障，加强社会治理的立法监督、司法监督和执法监督，健全监督手段，完善监督程序。

我先后从事社会学、社会工作、人民调解等专业教学，喜欢跨学科研究，该书是我多年教学科研的成果。本书得以出版，我要特别感谢应用型社会工作专业本科人才培养项目的资助和支持。

目 录
CONTENTS

第一章　民间纠纷调解 ………………………………………… 1

第一节　民间纠纷调解对象考析 ……………………………… 3
一、"民"：民间纠纷的主体 …………………………………… 4
二、"民间"：民间纠纷的场域 ………………………………… 10
三、日常生活：民间纠纷的指向 ……………………………… 15
四、结论与探讨 ………………………………………………… 20

第二节　人民调解权威分析 …………………………………… 22
一、人民调解权威的"正当性" ……………………………… 22
二、人民调解权威的结构类型 ………………………………… 27
三、人民调解权威的功能整合 ………………………………… 35
四、结论与探讨 ………………………………………………… 40

第三节　"六尺巷"调解文化探析 …………………………… 41
一、张吴两家"争面子"和"斗气" ………………………… 41
二、张英的礼让思想与调解智慧 ……………………………… 44
三、调解的情面平衡方法 ……………………………………… 47
四、结论与探讨 ………………………………………………… 49

第二章　城市社区治理 ………………………………………… 51

第一节　城市高空坠物整治 …………………………………… 53
一、高空坠物整治的背景缘由 ………………………………… 53

二、高空坠物整治的基本做法 55
　　三、高空坠物整治的主要成效 58
第二节　城市社区协商治理 63
　　一、社区协商治理的时代背景 63
　　二、社区协商治理的基本内涵 68
　　三、社区协商治理的价值取向 70
　　四、"三协换一谐"：化解住宅区配套公共建筑纠纷 74
　　五、对城市社区协商治理的思考和建议 77
第三节　和谐社区文化建设 78
　　一、和谐社区文化建设的重要意义 78
　　二、和谐社区文化建设的实践探索 81
　　三、和谐社区文化建设的理论思考 88
　　四、和谐社区文化建设的发展路径 89

第三章　农村城镇化 93

第一节　农村城镇化的运行机制 95
　　一、农村城镇化的生成机制 95
　　二、农村城镇化的模式和条件 99
　　三、农村城镇化的发展动力 106
第二节　小城镇经济发展的动力机制 110
　　一、集聚效应是经济发展的内在规律 111
　　二、区位优势是经济发展的有利条件 113
　　三、利益驱动是经济发展的直接原因 116
　　四、产业结构转换是经济发展的直接动力 117
第三节　徽州古村落的经营管理模式 120
　　一、西递古村落的经营模式 120

二、宏村古村落的经营模式……………………………………… 123
　　三、股份合作制经营模式设计…………………………………… 125

第四章　社会工作评估 …………………………………………… 129

第一节　非营利组织培训公务员项目评估……………………… 131
　　一、非营利组织能力评估………………………………………… 132
　　二、公务员培训需求评估………………………………………… 134
　　三、培训过程评估………………………………………………… 136
　　四、培训影响评估………………………………………………… 141
　　五、评估建议……………………………………………………… 144

第二节　高中阶段中外合作办学机构评估……………………… 146
　　一、办学条件的 SWOT 分析……………………………………… 146
　　二、教育股份合作制模式设计…………………………………… 150
　　三、美国全球通用证书考试课程设置…………………………… 151
　　四、中外合作办学机构的风险…………………………………… 155

第三节　音频党课直播效果评估………………………………… 156
　　一、音频党课的特点……………………………………………… 158
　　二、音频党课的效应……………………………………………… 159
　　三、音频党课的启示……………………………………………… 162

第五章　社会治理能力现代化 …………………………………… 165

第一节　弘扬抗疫医护人员职业精神…………………………… 167
　　一、医师职业的神圣性…………………………………………… 167
　　二、医护人员的仁心……………………………………………… 169
　　三、医护人员的初心……………………………………………… 172
　　四、医护职业精神的升华………………………………………… 174

第二节　帮扶大城市支出型贫困 …………………………… 177
一、支出型贫困提出的理论意义 ……………………………… 177
二、上海市支出型贫困的救助模式 …………………………… 181
三、上海市帮扶支出型贫困的经验启示 ……………………… 184

第三节　推进城市流动人口公共服务均等化 ………………… 188
一、公共服务均等化特征 ……………………………………… 189
二、上海市的做法及经验 ……………………………………… 191
三、国内外经验借鉴 …………………………………………… 195
四、完善均等化建议 …………………………………………… 198

第四节　提升社会治理法治化水平 …………………………… 200
一、社会治理法治化的内涵 …………………………………… 201
二、立法先行是法治化前提 …………………………………… 203
三、司法公正是法治化底线 …………………………………… 205
四、依法行政是法治化关键 …………………………………… 207
五、法律监督是法治化保障 …………………………………… 208

主要参考文献 …………………………………………………… 211

第一章

民间纠纷调解

CHAPTER 1

第一章 民间纠纷调解

人民调解是我国法律所确认的一种诉讼外的调解形式，它以民间纠纷为调解对象。人民调解是我国社会主义法治建设中的一项伟大创举，也是一项具有中国特色的法律制度，因此许多国家把人民调解誉为"东方经验"。社会工作是一种职业化的助人活动，旨在向有需要的人，特别是困难群体提供科学有效的服务。在工作方法、帮助对象、职业伦理和核心价值观上，人民调解与社会工作有诸多相似之处，两者关系密切。本章既研究了人民调解的基本概念和理论，又传承了人民调解文化，还剖析了当代民间纠纷的难点。

第一节 民间纠纷调解对象考析

《宪法》[①] 和《民事诉讼法》规定，人民调解的对象是民间纠纷。《人民调解法》第2条规定："人民调解，是指人民调解委员会通过说服、疏导等方法，促使当事人在平等协商基础上自愿达成调解协议，解决民间纠纷的活动。"1989年，国务院颁布的《人民调解委员会组织条例》将人民调解的适用范围界定为民间纠纷，但没有给民间纠纷下定义。1990年，司法部发布的《民间纠纷处理办法》第3条规定："民间纠纷，即公民之间有关人身、财产权益和其他日常生活中发生的纠纷。"根据这一规定，民间纠纷主体仅限于公民，不包括法人；民间纠纷仅发生于公民之间，法人之间、公民与法人之间发生的纠纷不属于民间纠纷；民间纠纷内容是人身权益、财产权益和其他日常生活纠纷，包括婚姻家庭、邻里、继承、赡养等简单的民事纠纷，不包括行政纠纷和刑事诉讼。2002年，司法部发布的《人民调解工作若干规定》第20条规定："民间纠纷，包括发生在

---

① 本书提及法律、法规、规章和规范性文件名称时，"中华人民共和国"省略，其余一般不省略。例如，《中华人民共和国宪法》简称为《宪法》。

公民与公民之间、公民与法人和其他社会组织之间涉及民事权利义务争议的各种纠纷。"该定义扩展了民间纠纷主体和范围。2010年发布的《人民调解法》仅规定人民调解是"解决民间纠纷的活动",并没有对民间纠纷的适用范围进行具体、明确的规定。界定民间纠纷是明确人民调解适用范围的关键抓手,关系到人民调解制度的功能定位和未来发展。民间纠纷自古有之,属于民俗学范畴。为此,本节从民俗学视角考察以下问题:其一,什么是民间纠纷?辨析民俗学定义和法学定义的区别。其二,民间纠纷的主体是公民还是"民"?考析"民"的内涵和特征。其三,为什么说没有民间属性的纠纷不是民间纠纷?诠释"民间"的三重含义。其四,为什么说民间纠纷指向日常生活?比较民间纠纷与法律纠纷的差异。该节从主体、场域、指向三方面明确民间纠纷调解的对象,从而明确人民调解的适用范围。

一、"民":民间纠纷的主体

《民间纠纷处理办法》规定,民间纠纷的主体是公民。公民起源于古希腊的城邦国家,当时是一个地域性概念;到了罗马时代,公民演变为一个相对于国家而存在并独立于国家的概念。现代宪法意义上公民是指具有一国国籍的自然人,如《宪法》第33条规定:"凡具有中华人民共和国国籍的人都是中华人民共和国公民",该条反映了一种权利义务关系。准确地说,民间纠纷的主体应是民俗学意义上的"民"(folk),而不是法律和政治学意义上的"公民"(citizen),也不包含陌生的自然人。民俗学家从地域和文化视角界定"民",主要是指乡民和野蛮人,还包括流入城市的农民。

"民"是乡民或下层人,非官方之人。早期民俗学家威廉·约翰·汤姆斯(William John Thoms)认为"民"是以乡民为主的"普通民众"(the common people)。他们掌握旧时的行为举止、风俗、仪式庆典、迷信、叙事歌、谚语和神话等。① 约翰·布兰德（John Brand）指出，"他们处于人类政治结构的底层"，主体是"愚民"（就文化知识而言）或下层人（就社会地位而言）。② 我国《汉书·董仲舒传》说："乐者，所以变民风，化民俗也。"③ 这里的"民"指普通百姓，与《孟子·尽心下》的"民为贵，社稷次之，君为轻"④ 中的"民"字含义基本相同。钟敬文说："民间……的主要组成部分，是直接创造物质财富和精神财富的广大中、下层民众。"⑤《民俗周刊》称"民"是平民或民众，中国民间文艺研究会认为"民"为劳动人民，他们都不是政府官员。⑥

"民"是野蛮人和农民。安德鲁·兰（Andrew Lang）把"民"定义为："那些极少受到教育的改造、极少取得文明上的进步的民间群体、大众和若干阶级。"他们是进化上的落伍者，现代社会中以"欧洲农民"为代表，他说："民俗研究者立即就会发现这些在进化上的落伍的阶级仍然保留着许多野蛮人的信仰和行为方式……民俗研究者因而被吸引去审视野蛮人的习惯、神话和思想观念——欧洲农民仍然保存着它们，并且，它们的形态并不乏本来的朴野。"⑦ 哈特兰德（Hartland）认为，"民"是"不同种族的野蛮人""未受学校教育的那些人"和"欧洲农民"，"他们各自看待世界以及一切自然的和超自然的事物的方式"是相同的，有时他简单明确地表述为"野蛮人和农民"。⑧ 阿尔弗雷德·纳特（Alfred Nutt）认为，"民"是"社会中那部分没有学问，又最落后的人"，"他们一直与大

---

① 高丙中．英美学者论民俗之"俗"：对世界民俗学的理论反思之一［J］．思想战线，1992（4）：53-59．
② 高丙中．民俗文化与民俗生活［M］．北京：中国社会科学出版社，1994：12．
③ 纪昀．四库全书精华［M］．长春：吉林大学出版社，2009：75．
④ 孟子．孟子选注［M］．周满江，注译．桂林：漓江出版社，2014：175．
⑤ 钟敬文．民俗学概论［M］．上海：上海文艺出版社，2009：2．
⑥ 高丙中．民俗文化与民俗生活［M］．北京：中国社会科学出版社，1994：41．
⑦ 高丙中．民俗文化与民俗生活［M］．北京：中国社会科学出版社，1994：14．
⑧ 高丙中．关于民俗主体的定义：英美学者不断发展的认识［J］．湖北大学学报（哲学社会科学版），1993（4）：57-63．

地母亲处于最亲密的接触之中……他们的双肩被压上了使土地生长食物,并做人类的繁重的和肮脏的工作的任务。"①

上述学者认为"民"是"乡民""野蛮人""农民",那么城市人和现代人是不是"民"呢?现代民俗学者给予肯定性回答。理查德·多尔逊(Richard M. Dorson)修正了传统的民俗定义,"民俗呈现为当代性的,面对'此地'和'现在',面对城市中心,面对工业革命,面对时代问题和思潮"。多尔逊认为,民俗之"民"是趋向传统的匿名群众(anonymous masses),由乡下人(country folk)和部分城市人组成,他将其列举为:真正意义上的乡下人、迁移到城里的乡下人、这种城里人的部分后代。②阿兰·邓迪斯(Alan Dundes)也认为,城里人和现代人都有民俗,他批判了两种错误观点:一个是"城市居民不属于'民',因而他们就没有民俗";另一个是"民俗是由'民'在遥远的过去创造的……现代人根本不创造新民俗,而且还会越来越多地忘掉民俗"。③我国民俗学者陈勤建指出:"现实生活中流行的各种民俗事象,并非仅仅局限在下层的乡民、陋民中,古代的帝王将相、现代的总统首相、主席总理、教授学者,在生活实践中,往往也是普通民众的一员,与凡人一样……难以随心超凡脱俗。"④黄涛认为,在生活情境中的任何人都是民俗之"民",已经没有"阶层性"限定,所有人都可以是传承民俗和民间文学的"民众"的一员。⑤日本学者大藤时彦指出:"在今天的民俗学上,很难把国民严格地区分为庶民层与非庶民层。由于在知识阶层中,也残存着与庶民层同样的古老风习……庶民层也不断受到近代文明的洗礼,不过把保持着较多

---

① 高丙中. 民俗文化与民俗生活 [M]. 北京:中国社会科学出版社,1994:16.
② 高丙中. 民俗文化与民俗生活 [M]. 北京:中国社会科学出版社,1994:23.
③ 高丙中. 关于民俗主体的定义:英美学者不断发展的认识 [J]. 湖北大学学报(哲学社会科学版),1993(4):57-63.
④ 陈勤建. 中国民俗 [M]. 北京:中国民间文艺出版社,1989:18.
⑤ 黄涛. 按社会情境界定当代中国民俗之"民"[J]. 中国人民大学学报,2004(4):130-134.

古老风习的阶层称为庶民而已。"①

邓迪斯认为，"民"是由任何人组成的任何"民群"，他们拥有共同点和传统。他给"民"下了个定义："Folk 可以用来指任何人类的群体，只要这个群体至少有一个共同点。至于这个联系群体内部各个体的共同点究竟是什么，则要看具体情况。它可以是相同的职业、语言，也可以是共同的宗教，等等。重要的是，这样一个因为某种理由而结成的群体必须有一些它确认为属于自己的传统。"②"群体的一个成员或许并不认识其他所有成员，但他很可能懂得群体传统的基本内容，懂得使群体得以有一种群体认同感的传统因素。"③ 在邓迪斯看来，只要群体有一个共同点和自己的传统，这个群体就有民俗。我国学者高丙中指出，民俗研究领域的"民"是有特定含义的，与现实生活中的"民"是有差异的，"生活中的人是完整的、完全的"，民俗的"民"是"生活中的人的局部或片面"，民俗中的"民"是"某时某刻意义上即是时间片段意义上的"。④ 民俗之"民"并不等于生活中的人，只有当生活中的人表现出民俗之"俗"时，民俗学家才承认他是"民"。

由上述可知，民俗之"民"的范围在不断地扩大，这是因为"俗"的内涵发生变化，民俗学家以"俗"定"民"。汤姆斯的"民众"不会超出本民族，到人类学派民俗学家（如哈特兰德、纳特）那里，"民"不仅包括本族人，还包括异族的野蛮人，但限定为乡土范围的、非工业化的。随着城市民俗学兴起，多尔逊把一部分有乡土传统的市民加入"民"，邓迪斯更是把"民"推及任何人群和各种群体的任何人，因为在他们身上都能见到一些民俗传统。"民"的范围扩大的原因是民俗学家界定"民"的

---

① 大藤时彦. 民俗学及民俗学的领域 [M]//后藤兴善. 民俗学入门. 王汝澜，译. 北京：中国民间文艺出版社，1984：92 - 93.
② 高丙中. 民俗文化与民俗生活 [M]. 北京：中国社会科学出版社，1994：25.
③ 高丙中. 英美学者论民俗之"俗"：对世界民俗学的理论反思之一 [J]. 思想战线，1992 (4)：53 - 59.
④ 高丙中. 民俗文化与民俗生活 [M]. 北京：中国社会科学出版社，1994：28 - 29.

具体标准不一样，他们都是根据"俗"来确定"民"。也就是说，他们都先确定什么是"俗"，然后再根据各自认定的"俗"的出现范围来确定什么是"民"，① 这是"以俗定民"法则。

"民"与"民"之间是熟人，熟人间会形成一种"亲而信"的信任模式。费孝通指出："乡土社会的信任并不是对契约的重视，而是发生于对一种行为的规矩熟悉到不假思索时的可靠性。"② 马克斯·韦伯（Max Weber）认为："中国人的信任是建立在血缘共同体基础之上的，即建立在家族亲戚或准亲戚关系上的，是难以普遍化的信任。"③ 弗朗西斯·福山（Francis Fukuyama）也认为："华人本身强烈地倾向于只信任与自己有血缘关系的人，而不信任家庭和亲属以外的人。"④ 然而，他们没有看到中国人会通过认干亲、拜把子、做人情等方式，将没有血缘联系的外人纳入差序格局，形成一种"拟亲缘关系"，⑤ 把外人变成"自己人"。当然，这种人际信任是建立在人与人之间的熟悉程度和感情联系的基础上，还不是现代社会的制度信任，缺少法律一类的惩戒式或预防式的机制。信任建立在对他人的意图和行为的正向估计基础之上，能够期待他人作出符合社会规范的行为，它降低了社会交往的复杂性，是化解民间纠纷的必要条件之一。

构成熟人关系的基础是"情"。俗话说"远亲不如近邻"，这种熟悉与生俱来，从而有了"情分"，遇到纠纷就不能没完没了，大家低头不见抬头见，必须讲人情、顾面子。费孝通说："亲密社群的团结性就依赖于各分子间都相互地拖欠着未了的人情。……欠了别人的人情就得找一个机会加重一些去回个礼，加重一些就在使对方反欠了自己一笔人情。来来往

---

① 高丙中. 民俗文化与民俗生活 [M]. 北京：中国社会科学出版社，1994：28.
② 费孝通. 乡土中国 生育制度 [M]. 北京：北京大学出版社，1998：10.
③ 马克斯·韦伯. 儒教与道教 [M]. 王容芬，译. 北京：商务印书馆，1995：232.
④ 弗朗西斯·福山. 信任：社会美德与创造经济繁荣 [M]. 彭志华，译. 海口：海南出版社，2001：74.
⑤ 郭于华. 农村现代化过程中的传统亲缘关系 [J]. 社会学研究，1994（6）：49-58.

往，维持着人和人之间的互助合作。"① 人与人之间"互相拖欠着未了的人情"，这种社会关联不是理性人之间的利益算计和契约结合，具有超越理性人互动的更深沉追求——实现作为人的意义。② 礼是对情的规范，在经历人情礼俗化过程之后，熟人社会中的人情就不只是自然情感，而是与礼俗浑然一体，构成礼俗的基本内涵。礼俗社会因此可以说是人情社会，人情也因此成为乡土熟人社会的基本思维方式。③

熟人间讲究"情面"。它要求人们在待人接物、处理关系时，顾及人情和面子、不偏不倚、合乎情理、讲究忍让。在人情和面子的裹挟下，熟人之间围绕着"给予"和"亏欠"形成了一种类似于"权利"和"义务"的认识，这种"给予"和"亏欠"、"权利"和"义务"在每个人心里都有一本明白账，这本账的"度"由地方性知识加以把握。"给予"和"亏欠"也需要平衡，不还"人情债"是没有脸面的事，只不过还"人情债"是长时段的，它不要求每一次和具体的平衡。由"情面"衍生出"不走极端"，即在情与理发生冲突时不要"认死理"。在熟人社会，如果一个人只认"理"不认"情"，那就是"不通人情"，无异于不讲理。④ 林语堂说："对西方人来讲，一个观点只要逻辑上讲通了，往往就能认可，对中国人来讲，一个观点在逻辑上正确还远远不够，它同时必须合乎人情。"⑤

于是，民间社会也就成了熟人社会。熟人社会是费孝通对中国基层社会乡土本色的经典概括。熟人社会是流动性极低、变动性极小的农耕文明的产物，它是"乡土性"的，是血缘与地缘的融合，这使它不同于"陌

---

① 费孝通. 乡土中国 生育制度［M］. 北京：北京大学出版社，1998：72.
② 王德福. 做人之道：熟人社会里的自我实现［M］. 北京：商务印书馆，2014：243.
③ 陈柏峰. 半熟人社会：转型期乡村社会性质深描［M］. 北京：社会科学文献出版社，2019：17.
④ 陈柏峰. 半熟人社会：转型期乡村社会性质深描［M］. 北京：社会科学文献出版社，2019：18-20.
⑤ 林语堂. 中国人：全译本［M］. 郝志东，沈益洪，译. 上海：学林出版社，2007：100.

生人社会",也不同于"熟人圈子"和现代社会的"社区"。① 熟人社会具有长久性和非选择性的特点,长久性是指祖祖辈辈"生于斯、死于斯"的时间稳定性;非选择性则是社会关系"先我而在"、流动性极低的空间稳定性。② 熟人社会中的行动逻辑是特殊主义的,"从熟悉里得来的认识是个别的,并不是抽象的普遍原则。……在乡土社会中生长的人似乎不太追求这笼罩万有的真理。"③ 因为彼此较为熟悉,针对不同的人可以采取不同的交往方式。

二、"民间":民间纠纷的场域

民间是"民"活动的空间,也是民间纠纷产生和化解的场域。首先,民俗的"民"包含了"民间"之意。布兰德认为"民处于人类政治结构的底层",汤姆斯、纳特认为"民"是乡下人或农民,邓迪斯强调"传统"是判断"民"的标准,分别对应民间的三重含义。其次,"民间"限定了民间纠纷的空间。民间纠纷发生在熟人社会,熟人之间重情义、爱面子,容易调解。按照"以俗定民"法则,可以说没有"民"特征的人难以成为民间纠纷的主体,不发生在"民间"的纠纷不是民间纠纷,种概念"民""民间"是属概念民间纠纷的质的规定性。

什么是民间?文学、法学、民俗学、社会学等研究者从不同学科诠释"民间",往往用民间文学、民间文化、民间法、民间社会等概念代之。④ 当代社会"民间"不仅指民俗学、社会学传统意义上的农耕宗法社会及

---

① 王德福. 做人之道:熟人社会里的自我实现 [M]. 北京:商务印书馆,2014:243.
② 王德福. 做人之道:熟人社会里的自我实现 [M]. 北京:商务印书馆,2014:28.
③ 费孝通. 乡土中国 生育制度 [M]. 北京:北京大学出版社,1998:11.
④ 陈思和认为,民间"是指根据民间自在的生活方式的向度,即来自中国传统农村的村落文化的方式和来自现代经济社会的世俗文化的方式来观察生活、表达生活、描述生活的文学创作视界",实指民间文学。参见陈思和. 民间的还原:"文革"后文学史某种走向的解释 [J]. 文艺争鸣,1994 (1):53-61. 梁治平指出,民间"是一个远为广大的社会空间,一个普通民众生活和活动于其中的巨大世界",易与民间社会混淆。参见梁治平. "民间"、"民间社会"和CIVIL SOCIETY:CIVIL SOCIETY 概念再检讨 [J]. 云南大学学报(社会科学版),2003 (1):56-68.

其乡村空间，还包括现今城乡的普通民众及其生活文化。基于此，民间是对社会中下层民众身份的指称，又是对他们生活与价值观念的认定。[①]"民间"并不是一个封闭的体系，它是开放的，任何人均可参与其间，哪怕是具有体制身份、身处庙堂之人，只要以非官方、非体制的身份，均可参与其中，成为"民"之一分子。[②] 陈勤建把"民间"的含义概括为三层：一是社会中的"人"所充当的一种角色；二是"民"生活、活动的空间世界；三是有自己固定的生活方式和文化传统。[③] 从身份角色、地域空间、社会文化视角看，"民间"指非官方、乡村和传统，与"民"的内涵相呼应。

最早和最基本的民间含义是"非官方"。《现代汉语词典》对"民间"的解释就是"非官方的"。陈思和认为，民间是在国家权力控制相对薄弱的领域产生，保持了相对自由活泼的形式，能够比较真实地表达出民间社会生活的面貌和下层人民的情绪世界。[④] "官"形成公家化的官府，即以公权力运转和维持的国家，民间与国家在某种程度上形成对立和分野。[⑤] "官方的"是上层建筑的、占统治地位的、有话语主导权的。[⑥] 在社会运作过程中，无论是在乡村还是在城市，官方无不体现出一种权力意志。传统乡村社会建立在自然经济基础之上，这种权力意志存在于以人身依附关系和权利不平等为特征的等级制社会；而在传统城市社会中，则表现为以市政管理姿态出现的官方权力集团与小业主及一般市民之间的不平等。

作为非官方的民间又具有相对的独立性。任何国家，无论其能力多么强大，都不可能直接安排寻常百姓的日常生活，在国家统治与治理之外必然会形成由社会自身管理的独立生活空间，素有"国权不下县，县下惟

[①] 赵德利. 民间文化批评的理论与方法 [M]. 北京：商务印书馆，2016：16.
[②] 贺宾. 民间伦理研究 [M]. 石家庄：河北人民出版社，2018：45.
[③] 周星. 民俗学的历史、理论与方法 [M]. 北京：商务印书馆，2006：65.
[④] 陈思和. 陈思和自选集 [M]. 桂林：广西师范大学出版社，1997：207.
[⑤] 于语和. 民间法 [M]. 上海：复旦大学出版社，2008：15.
[⑥] 金泽. 试析民间信仰的概念边界 [J]. 西北民族研究，2020（4）：107-114.

宗族，宗族皆自治，自治靠伦理，伦理造乡绅"之说。① 民间社会远离权力中心，人们在祖祖辈辈定居的土地上过着日出而作、日落而息的生活。维持民间秩序依靠的是长幼尊卑的家族伦理观念和礼仪，熟悉这些观念和礼仪的乡绅被乡民推举为领袖，必要时他代表乡民与居住在县城的朝廷官员打交道。除了交皇粮、纳国税，乡民极少能感知到国家的在场，因为他们大部分时间里过着自治的乡村生活，"天高皇帝远"是他们对国家观念的形象表述。② 民间的主要作用在于为民众提供维持日常生活的"场域"，其运行受生活自身逻辑加以规范。

在地域空间上，"民间"指的是乡村，与之相对的是城市。乡村以农民为主体且高度分散，而城市以非农业居民为主体且高度集中。巴顿（Button）指出："所有的城市都存在着基本的特征，即人口和经济活动在空间的集中。"③ 在此基础上，城市形成了细密的社会分工，出现众多的职业。乡村中人与人的关系建立在血缘、姻缘和地缘上，家庭关系和邻里关系占据重要地位；人们交往范围狭小，社会活动单一，且限于衣食住行、婚丧嫁娶、生老病死等直接相关的日常生活层面。城市以业缘为主要纽带结成开放性社会关系，社会活动内容丰富、文化气质趋于开放、精神生活相对丰富。乡村传统观念浓厚，旧的传统和习惯在日常生活和社会交往中发挥着远比城市更大的作用与影响，且变化缓慢。

民间，首先是指具有现实规定性的物理空间，即地理学意义上的空间；其次是指具有社会文化和价值内涵，可以作为精神取向、文化现象的社会存在，即民众的社会生活空间。④ 作为现代意义的民间，"不仅仅是一种地域空间的概念，而且也是一种社会文化的概念。"⑤ 民间分为地域

---

① 秦晖. 传统十论：本土社会的制度、文化及其变革 [M]. 上海：复旦大学出版社，2003：3.
② 贺宾. 民间伦理研究 [M]. 石家庄：河北人民出版社，2018：46 – 47.
③ 巴顿. 城市经济学：理论和政策 [M]. 上海社会科学院部门经济研究所城市经济研究室，译. 北京：商务印书馆，1984：14.
④ 贺宾. 民间伦理研究 [M]. 石家庄：河北人民出版社，2018：46.
⑤ 黄永林. 中国民间文化与新时期小说 [M]. 北京：人民出版社，2007：2.

空间的民间和社会范畴的民间,地域空间的民间包括城市市民和乡村乡民的民间,社会范畴的民间是指民众的社会生活空间。梁治平指出,民间并非一种人群的范畴,它本身包含了一种社会的观念,"'民间'所指的却是一个远为广大的社会空间,一个普通民众生活和活动于其中的巨大世界。"①

从社会文化意义上讲,民间代表着"传统",与现代相对应。传统是在时间流逝和人类社会时代更替中出现的一种被传承的客体,同时也是解决传承问题的一种方式。②通过传承传统,人们能够在客观上部分地传承过去的知识、规范和秩序,在主观上将自己与过去联系在一起。塔尔科特·帕森斯(Talcott Parsons)用"五个模式变量"区分传统与现代,即情感与情感中立、自我取向与集体取向、普遍主义与特殊主义、先赋性与自致性、专一性与扩散性。帕森斯认为,在传统社会和现代社会里,行动者的行为动机、选择取向、价值标准、角色评价、角色关系等五个方面都是不同的,每一组变量都代表着传统社会与现代社会的两极对立。但从传统社会向现代社会发展实际上是一个逐渐的过程,不能简单地划分为两极。传统社会里包含有少量的现代因素,现代社会里仍然保留着不少传统社会的特质,绝对意义上的现代社会或传统社会是不存在的。③

从乡村与城市、传统与现代的二元对立视角,社会学家和人类学家提出不同的理想类型,如斐迪南·滕尼斯(Ferdinand Tonnies)提出共同体与社会,埃米尔·涂尔干(Émile Durkheim)提出"机械团结"与"有机团结",罗伯特·雷德菲尔德(Robert Redfield)提出乡民社会与市民社会以及小传统与大传统,费孝通提出礼俗社会与法理社会。"民间"类似于

---

① 梁治平."民间"、"民间社会"和 CIVIL SOCIETY:CIVIL SOCIETY 概念再检讨[J].云南大学学报(社会科学版),2003(1):56-68.
② 张岳.在传统与现代性之间:原村新年仪式的变迁[M].北京:知识产权出版社,2019:1.
③ 周建国.紧缩圈层结构论:一项中国人际关系的结构与功能分析[M].上海:上海三联书店,2005:63.

共同体、机械团结、乡民社会（小传统）和礼俗社会。

滕尼斯提出共同体与社会的概念。共同体是现实的、有机的生命体，意味着亲密的、单纯的共同生活，它通过血缘、地缘和宗教等建立起有机的人群组合，其基础是建立在共同利益之上的"本质意志"。共同体是以古老的乡村生活为代表，具有一种原始的、天然的状态，是人类共同生活持久和真实的形式。社会则表现为思想的、机械的形态，意味着公众的、复杂的外部世界，它通过权力、法律、制度的观念组织起来，其基础是建立在个人理性权衡之上的"选择意志"。社会是一种机械合成体，人与人是分离的，彼此之间处于紧张状况之中。[1] 索罗金（Sorokin）把两者的区别概括为：共同意志与个人意志、非个体性与个体性、社区利益支配与个人利益支配、信仰与原则、自然团结与契约团结、共同财产与私人财产等。[2]

涂尔干提出"机械团结"与"有机团结"。机械团结是原始社会、古代社会及现代社会中不发达社会的一种联结方式，它通过根深蒂固的集体意识将同质性的诸多个体结为一个整体。由于社会分工不发达，人们的经历、活动、生活方式都十分相同，他们对集体具有强烈的归属感，每个人的个性都被湮没在对集体的遵从之中，并且具有一致的宗教和道德倾向。机械团结是以约束性制裁的存在为前提，盛行的是刑法。[3] 有机团结的典型是近代工业社会。由分工产生了专门化，增强了个体间的相互依赖。一方面，分工越细致，个人对他人或社会的依赖就越深入；另一方面，每个人的行动越专门化，个性就越鲜明，就越能摆脱集体意识的束缚。有机团结是以复原性制裁的存在为前提，盛行的是民商法、诉讼法、行政法等。

雷德菲尔德提出乡民社会与市民社会。乡民社会可以被看作文明地区

---

[1] 斐迪南·滕尼斯. 共同体与社会 [M]. 林荣远，译. 北京：商务印书馆，1999：52, 108, 95.
[2] 周晓虹. 西方社会学历史与体系：第一卷 [M]. 上海：上海人民出版社，2005：292 - 293.
[3] 周晓虹. 西方社会学历史与体系：第一卷 [M]. 上海：上海人民出版社，2005：251.

的"部落单元",乡民居住在半封闭的社区里,在文化上属于小传统,而与城市文明的大传统相对。小传统的特征是小规模、单一性和神圣化,大传统的特征是大规模、多元性和世俗化。① 大传统是社会精英及其掌握的文字所记载的文化传统,小传统是乡村社区俗民或乡民生活代表的文化传统。因此,前者体现了社会上层人士和知识阶层的文化,多半是由深入思考者所产生的精英文化或精雅文化,而后者则体现了一般社会大众的文化。② 或者说,大传统是正统的、官方的、书本的、雅的传统,小传统是异端的、民间的、日常的、俗的传统。

费孝通提出礼俗社会与法理社会。礼俗社会是"一种并没有具体目的,只是因为在一起生长而发生的社会";法理社会是"一种为了要完成一件任务而结合的社会"。③ 在礼俗社会或乡土社会中,人们奉行"差序格局"和"圈子文化"。差序格局"好像一块石头丢在水面上所发生的一圈圈推出去的波纹。每个人都是他社会影响所推出去的圈子的中心。被圈子的波纹所推及的就发生联系。"以"己"为中心,一圈圈推出去,愈推愈远,也愈推愈薄。"每个人在某一时候某一地点所动用的圈子是不一定相同的。"④ 圈子范围的大小会因中心势力厚薄而定。乡土社会是"礼治"的社会,礼治就是对传统规则的服膺。人们服从礼是主动的,这是因为"长期的教育已把外在的规则化成了内在的习惯","维持礼俗的力量不在身外的权力,而是在身内的良心。"⑤

三、日常生活:民间纠纷的指向

群众性、传统性和自治性是民间纠纷的本质特征。民间纠纷的主体是

---

① REDFIELD ROBERT. The folk society [J]. American Journal of Sociology, 1947 (52): 293.
② 陈来. 古代宗教与伦理:儒家思想的根源 [M]. 北京:生活·读书·新知三联书店,2017: 13.
③ 费孝通. 乡土中国 生育制度 [M]. 北京:北京大学出版社,1998: 9.
④ 费孝通. 乡土中国 生育制度 [M]. 北京:北京大学出版社,1998: 26-27.
⑤ 费孝通. 乡土中国 生育制度 [M]. 北京:北京大学出版社,1998: 55.

"民","民"是基层民众，非官方主体。民间纠纷的调解员来自基层群众、代表群众并服务群众，他们依靠的是传统型权威而不是法理型权威。传统型权威来自习俗，而不是个人特征、技术能力，甚至成文的法律。[1]"民"和"民"之间是熟人，在熟人社会，"法律是用不上的，社会秩序主要靠老人权威、教化以及乡民对于社区中规矩的熟悉和他们服膺于传统习惯的保证。"[2] 民间纠纷调解要特别重视当事人的合意性和权威的正当性，纠纷处理的开始和最终解决方案都必须取得当事人的合意，棚濑孝雄称之为"二重获得合意"。[3] 民间纠纷调解员的"权威"依靠道德力量，而不是实施暴力威胁等手段，当事人自愿服从。民间纠纷发生在"民间"，依靠民间力量调解，它是群众的自我教育、自我管理和自我服务，具有高度自治性。

民间纠纷面向"生活世界"。生活世界就是日常生活世界和可被我们的经验所感知到的世界，胡塞尔说："（生活世界）作为唯一存在的，通过知觉实际地被给予的，被经验到并能被经验到的世界，即我们日常的生活世界。"[4] 相对于科学世界，生活世界是具体的、实际的、直观的。高丙中指出，"生活世界也就是民俗的世界"，首先，生活世界是日常活动的世界，人们围绕日历、人生活动，一年里的哪季哪天做什么，生命周期中的出生、成年、婚嫁、丧葬等，都是有规律可循的和普通的事件。其次，生活世界是一般意见的世界，又是常识的世界，"一般意见"是指生活事件的意义是大家所共同理解的，"常识"是指生活事件的意义是不证自明、不言而喻的，因此，科学的世界对应于社会意识诸形态，生活世界对应于社会心理。[5] 陆益龙认为，民间纠纷就是生活性的纠纷，即在日常

---

[1] 梁德阔. 人民调解权威的正当性、类型和功能[J]. 民间法, 2021, 27 (3): 218.
[2] 费孝通. 乡土中国 生育制度[M]. 北京: 北京大学出版社, 1998: 51.
[3] 棚濑孝雄. 纠纷的解决与审判制度[M]. 王亚新, 译. 北京: 中国政法大学出版社, 1994: 79.
[4] 胡塞尔. 欧洲科学危机和超验现象学[M]. 张庆熊, 译. 上海: 上海译文出版社, 1988: 5.
[5] 高丙中. 生活世界: 民俗学的领域和学科位置[J]. 社会科学战线, 1992 (3): 328-335.

生活互动实践中产生的不均衡关系和纷争行为。①

民间纠纷是由日常生活事件引起的，化解日常生活性纠纷始终是民间调解的主要任务。明代《教民榜文》规定：户婚、田土、钱债、私宰耕牛、擅食田园瓜果等民事案件，系民间小事，禁止迳行诉官，必须先由本里老人、里甲断决。② 清代《澎湖厅志》"劝民息讼告示"规定：凡有户婚、田土、钱债、口角、斗殴细故，实系理直者，不如邀同公亲理处息事，既不伤和气，又不须花钱，毋得轻听讼师言语，动辄告状。③ 这些纠纷多是因为蝇头小利或生活琐事引起，数量较大，一般通过民间调解能够解决。现代意义上的民间纠纷还包括各类经济纠纷，如经济合同纠纷等，有着明显的经济利益诉求。

美国的社区调解和日本的《民间调解法》对民间纠纷的适用范围进行列举，实际可操作性强。我国四川省司法厅2000年5月颁行的《四川省〈民间纠纷处理办法〉实施细则》（川司发〔2000〕50号）第5条列举了民间纠纷的类型，包括家庭纠纷（婚姻纠纷除外）、赡养抚养纠纷、继承纠纷、邻里纠纷、债务纠纷、房屋宅基地纠纷、损坏赔偿纠纷、生产经营性纠纷等。从法律性质看，民间纠纷属于简单的民事案件，严重的刑事案件和复杂的民事案件不属于民间纠纷，它们对民间纠纷调解员的能力、法律程序、法律适用等方面提出挑战。有学者认为，对一些轻微的刑事纠纷、刑事自诉案件及刑事附带民事责任的案件，当事人愿以调解的方式解决，并且不损害第三人利益，可以纳入人民调解的范围。④

民间纠纷不同于法律纠纷，法律纠纷是社会主体之间违反法律规范的一种利益冲突行为，季卫东认为，"纠纷就是公开地坚持对某一价值物的

---

① 陆益龙. 乡村社会变迁与转型性矛盾纠纷及其演化态势 [J]. 社会科学研究, 2013 (4): 97-103.
② 刘广安. 中国法律传统的再认识 [M]. 北京: 中国政法大学出版社, 2018: 80.
③ 刘广安. 中国法律传统的再认识 [M]. 北京: 中国政法大学出版社, 2018: 80.
④ 董小红. 民间纠纷变化对人民调解制度的挑战 [J]. 湖北社会科学, 2011 (6): 42-46.

互相冲突的主张或要求的状态。"① 范愉等认为,"纠纷或争议是特定主体基于利益冲突而产生的一种双边或多边的对抗行为。"② 何兵认为,"纠纷是指社会主体间的一种利益对抗状态。"③ 赵旭东认为,法律纠纷是"在相对的社会主体之间发生的可以被纳入法律框架之内的那些表面化的不协调状态。"④ 由此看来,那些在法律框架之内、可以通过法律程序解决的法律纠纷只是纠纷的一部分。"事实上,在任何社会中,能够受到法律评价的社会冲突仅是其中的一部分,纯粹从量上观察甚至可能不是主要部分。"⑤

民间纠纷不一定具有法律纠纷的形式要素。法律纠纷的对抗行为必须外化,非行为表现的对抗情绪不构成冲突,这是纠纷的形式要素。纠纷双方的对抗性不仅表现在内容的对抗方面,还表现在状态的对抗方面。纠纷对抗主要是指状态的对抗,涉及双方当事人的对抗强度和实力对比关系。⑥ 法律纠纷可以裁决人与人之间的行为冲突,难以裁决思想认识冲突和心理冲突,后者通常不会表现出外化的对抗性。如果思想认识宣传没有超越法定和道德容忍的范围,原则上他人不能阻止别人持有与自己不同的思想认识,也不能把这种冲突交给第三方裁判。

民间纠纷也不一定具有法律纠纷的法律性要素。法律性要素是指通过法律规范解决的可欲性。如果某个纠纷不能通过法律规范进行审查,那就很难说它是法学视野中的纠纷,这回答了司法程序解决纠纷的实效性问

---

① 季卫东. 法律程序的意义:对中国法制建设的另一种思考 [M]. 北京:中国法制出版社,2004:5.
② 范愉,李浩. 纠纷解决:理论、制度与技能 [M]. 北京:清华大学出版社,2010:11.
③ 何兵. 现代社会的纠纷解决 [M]. 北京:法律出版社,2003:1.
④ 赵旭东. 论纠纷的构成机理及其主要特征 [J]. 法律科学(西北政法大学学报),2009,27(2):82-91.
⑤ 顾培东. 社会冲突与诉讼机制 [M]. 北京:法律出版社,2004:18.
⑥ 赵旭东. 论纠纷的构成机理及其主要特征 [J]. 法律科学(西北政法大学学报),2009,27(2):82-91.

题。① 现实生活中存在一些属于法律范畴内但不可诉讼救济的纠纷，如不符合《行政诉讼法》《民事诉讼法》《仲裁法》等规定的具体受案范围的纠纷，就无法被纳入法定诉讼或仲裁机制予以处理；又如已过诉讼时效期限的纠纷，当事人丧失了行使该权利的条件而不能再行使权利。② 这些不能直接纳入法定诉讼救济机制的纠纷，由于客观存在冲突的事实，仍是民间纠纷，但不属于法律纠纷。民间纠纷属于"私权"范畴，私权与"意思自治"紧密联系，纠纷是否发生和解决依靠当事人的主观判断，当事人对纠纷解决的过程和结果有自主性权利。法律纠纷一般走诉讼程序，民间纠纷依靠调解或非诉讼程序。非诉讼程序现有人民调解、行政调解、行政复议、行政裁决、公证、仲裁、律师调解等，传统调解还有宗族调解、亲友调解、邻里调解、乡里调解、行会调解等。

法学本身是一种"权利话语"，法律纠纷必须存在权利受损的实际或可预期状态，但日常生活中存在大量无利益受损的民间纠纷，缺少法律纠纷的实质要素。清代康熙年间，安徽桐城张吴两家大动干戈，却"千里家书只为墙"，区区三尺土地对两个名门望族并不重要，两家争的是"面子"，斗的是"气"。约翰·麦高温（John Macgowan）说："'面子'这个字眼包含的另外一层含义是自尊或尊严，这是中国人在任何时候以任何代价都要全力以赴的东西。无论是对是错，他都不能使自己处于蒙羞的境地，要不惜任何代价来维持自己的'面子'。"③ 德国法学家鲁道夫·冯·耶林（Rudolf von Jhering）指出："原告为保卫其权利免遭卑劣的蔑视而进行诉讼的目的，并不在于微不足取的标的物，而是为了主张人格本身及其法感情这一理想目的，与这一目的相比，诉讼带来的一切牺牲和劳

---

① 邱双成. 当代中国民法与民事纠纷热点问题研究 [M]. 长春：吉林人民出版社，2017：140-143.
② 邵俊武. 纠纷解决的法律机制研究 [M]. 北京：光明日报出版社，2011：21.
③ 麦高温. 中国人生活的明与暗 [M]. 朱涛，等译. 北京：时事出版社，1998：336.

神对权利人而言，通通无足挂齿——目的补偿了手段。"①

民间纠纷与法律纠纷在当事人、解决主体、解决依据和解决方式上都有区别。民间纠纷的当事人比法律纠纷的当事人更加宽泛，只有那些确立了法律关系的当事人才是法律纠纷当事人。民间纠纷的解决主体是人民调解组织、地方权威、当地绅士、家族长老等非政府民间组织和/或个人。法律纠纷的解决主体主要是行政机关、司法机关及其工作人员。民间纠纷解决依据是民间法，如道德规范、传统习惯、宗教规范等。法律纠纷解决依据是法律，包括实体法、程序法等。民间纠纷以诉讼外解决方式为主，包括协商方式和调解方式。法律纠纷以诉讼内解决方式为主，包括仲裁和诉讼方式。

在学术界，"纠纷"被公认为是社会学的概念，而不是法律概念，因为只有在社会学意义上的"纠纷"才具有确定的含义，而自然界中的内在矛盾或冲突，都不能称为纠纷。② 谷口安平指出，有社会就有纠纷，纠纷一词与其说是民事诉讼法上的概念，倒不如说它更近于社会学的概念。③ 从社会学角度看，整个社会都是由纠纷组成的，反映的是社会成员间具有抵触性、非合作性，甚至滋生敌意的社会互动形式或社会关系。④ 还有学者指出："纠纷作为一种社会现象，其产生不是孤立的。在研究纠纷解决问题时，首先需要注意的是纠纷产生的社会因素。"⑤

四、结论与探讨

从民俗学视角考察，民间纠纷的主体是"民"，而不是法律和政治学意义上的"公民"；"民"之间的互动构成了"民间"，民间是民间纠纷发

---

① 鲁道夫·冯·耶林. 为权利而斗争 [M]. 胡宝海, 译. 北京：中国法制出版社, 2004：20.
② 汤维建, 等. 群体性纠纷诉讼解决机制 [M]. 北京：北京大学出版社, 2008：24.
③ 谷口安平. 程序的正义与诉讼：增补本 [M]. 王亚新, 刘荣军, 译. 北京：中国政法大学出版社, 2002：64.
④ 陆益龙. 纠纷解决的法社会学研究：问题及范式 [J]. 湖南社会科学, 2009 (1)：72-75.
⑤ 范愉. 纠纷解决的理论与实践 [M]. 北京：清华大学出版社, 2007：73.

生的场域。"民"与"民间"的意涵是非官方、乡村和传统，彰显民间纠纷的群众性、传统性和自治性特征，尤其排斥官方权力的介入。民间纠纷面向"生活世界"，存在于老百姓的日常生活之中。按照民俗学的"以俗定民"法则，没有"民""民间"属性和日常生活指向的纠纷不是民间纠纷，它们是"属的概念加种差概念"的关系。

民间纠纷是指熟人之间因日常生活事件而引发的纠纷。民间纠纷的主体是熟人，这是因为"民"长期生活在一个自治社区，拥有共同的传统和地方性规范，体现了民间的非官方、乡村、传统的内涵。熟人间有高度的信任，他们一般不看重法律上的权利义务，而在乎情理和脸面，因此，调解民间纠纷的重点是做好主体间的沟通工作。民间纠纷指向日常生活事件，这些事件往往是老百姓的家庭邻里琐事，没有多大的权利损失，容易化解。《民间纠纷处理办法》从法学角度规定民间纠纷是关于"人身、财产权益和其他日常生活中发生的纠纷"，这里的日常生活中发生的纠纷应该是属概念，人身权益、财产权益争议发生在日常生活中，为种概念。日常生活中发生的纠纷不一定具备法律纠纷的形式要素、法律性要素和实质要素，绝大多数是熟人间发生的非法律性纠纷。

基于民间纠纷的民俗学定义，人民调解宜以熟人间发生的日常生活性纠纷为调解对象。与司法调解和行政调解相比，人民调解是合意性最强、决定性最弱的调解方式，只有熟人间才具备这种人格信任和结构性压力，陌生人社会的调解不太可能依赖社会关系获得强制力，主要靠仲裁。[①] 人民调解不是必需具备法律性要素，只要不违背法律法规政策即可。虽然法律纠纷可以用人民调解的方式解决，但是解决法律纠纷不是人民调解的应有之义。在依法治国的背景下，应当奉行司法审判为中心，许多应由法律调整的纠纷应该交由法律处理，不能让人民调解组织承担那些力所不能及的工作。

---

① 于浩. 人民调解法制化：可能及限度 [J]. 法学论坛, 2020, 35 (6): 140-147.

第二节 人民调解权威分析

19世纪英国法学家威廉·马克白认为,对一项纠纷的"解决",可以看作一种权威或关于孰是孰非的有拘束力的决定,即关于谁的观点在某种意义上能够成立、谁的观点不能成立的一种判定。[①] 对纠纷当事人的权利义务关系作出判断,需要纠纷解决者具有一定的权威性和中立性。人民调解因其有自治性、民间性、群众性特征,可以邀请不同类型的纠纷解决者或权威主体参与,能够及时便捷地化解矛盾而又不破坏和谐人际关系,这种优势是司法调解和行政调解无法比拟的。本书基于韦伯的正当性理论和权威理论,分析人民调解权威的理想类型、实践图景及功能整合,论证人民调解比司法调解、行政调解更具有正当性。

一、人民调解权威的"正当性"

(一) 权威的"正当性"

德文 herrschaft 表达的是一种"命令-服从"的关系,后来被帕森斯等学者翻译成权威或支配,[②] "支配就是某些具体命令(或全部命令)得到既定人员群体服从的概率"。[③] 韦伯是从被支配者的服从角度定义支配及其类型,而不是强调支配者的主导地位。权威是权力的三种最基本来源之一,另外两种来源是武力和影响力。herrschaft 不包括对他人行使"武

[①] 戈尔丁. 法律哲学 [M]. 齐海滨,译. 北京:三联书店出版社,1987:217.
[②] 在周雪光看来,"支配"在中文里有多层意思,不能准确表达韦伯的原意;"合法性"似乎含有对"法"(法理)的特指,而韦伯所说的"合法性"是指一般意义上人们对各种权力关系的接受顺从,"法理型"只是其中之一。本书分别用"权威"和"正当性"替代。参见周雪光. 冬季读韦伯:七篇 [EB/OL]. [2020-12-22]. https://www.sohu.com/a/160205417_632464.
[③] 马克斯·韦伯. 经济与社会:第一卷 [M]. 阎克文,译. 上海:上海人民出版社,2010:318.

力"或发挥"影响"的一切方式。韦伯指出，运用暴力威慑、道德劝说等手段使自己的权力合法化，这是任何支配者都需要的，但只有依靠道德力量让被支配者赞成和拥护的权力才能称作"权威"，未被人们内心信服的权力不能称作权威。在具体情况下，被支配者执行命令的动机可能是因为他相信该命令是恰当的，或者是由于他的义务感，或者由于恐惧，或者由于单调的习俗，或者由于渴望获得某种实惠。[①] 尽管权威建立在不同的服从动机之上——从单纯的习惯直到最纯粹理性的利益计算，[②] 但在这样的一组"命令－服从"的关系中，服从者认为支配者的命令是可接受的，有自愿服从的意义——"任何名副其实的支配形式都包含一种最低限度的自愿顺从"。[③]

"正当性的信仰"是权威达到稳定持续状态的根本要素。韦伯指出："没有任何支配会自愿地仅仅限于诉诸物质、情感或观念动机作为其存续的基础。除此之外，每个这样的体系都会试图建立并培育人们对其正当性的信仰。"[④] 然而，韦伯并没有给"正当性"下定义，"正当性"的大致意思是指被支配者认为这个命令加在他们身上是正当的，所以服从。被支配者的主观认同和接受提供了正当性机制。学界对正当性的基础有两种解释路径：一个是把正当性当作纯粹主观的信念问题，也就是当事者的信念；另一个认为正当性是客观的规范，在实际权力运作中，正当性有一套规范，若违反该接受的命令时，会受到规范的制裁。[⑤] 在韦伯看来，"正当性"不可能只建立在主观信念的基础上，而是要考量主观信念和客观规范之间的妥当性。"达成团结一致的习俗、个人利益、纯粹的情感或观念动机，对于一种既定的支配来说，并不能构成足够可靠的基础。""（我

---

① 马克斯·韦伯. 经济与社会：第二卷 [M]. 阎克文, 译. 上海：上海人民出版社, 2010: 1085.
② 马克斯·韦伯. 经济与社会：第一卷 [M]. 阎克文, 译. 上海：上海人民出版社, 2010: 318.
③ 马克斯·韦伯. 经济与社会：第一卷 [M]. 阎克文, 译. 上海：上海人民出版社, 2010: 318.
④ 马克斯·韦伯. 经济与社会：第一卷 [M]. 阎克文, 译. 上海：上海人民出版社, 2010: 319.
⑤ 顾忠华. 韦伯学说的当代诠释 [M]. 北京：商务印书馆, 2016: 310.

们也）不应认为任何受到习俗或法律保护的要求都会包含一种权威关系。"① 对于被支配者而言，服从并不仅是惧怕暴力，还是一个义务，是主观信念和外在规范相互作用的结果。

正当性要求的效力可能会建立在理性基础上、传统基础上和超凡魅力基础上，于是韦伯把权威划分为三种理想类型：传统型权威、卡里斯玛型权威（或超凡魅力型权威）和法理型权威。人们对传统型权威的牢固信仰，是基于悠久传统的神圣性以及传统行使权威者的正当性。服从的对象是首脑角色，他占据着由传统所认可的权威地位并受到传统的约束。此种情况下，服从的义务则是习惯性义务的范围内对个人的效忠。人们对卡里斯玛型权威的忠诚，是基于领袖的罕见神性、英雄品质或典范特性，以及他所启示或创立的规范模式或秩序。服从的对象是具有超凡魅力的领袖本人，凡是他的启示、英雄品质、典范特性所能影响到的，其追随者都会服从，这是一种牺牲奉献、在所不惜的服从方式。人们对法理型权威的信仰，是基于对已制定的规则的合法性，以及根据这些规则发号施令者的权力。服从的对象是法定的非人格秩序。这种服从的对象会扩大到行使职务权威的那些人，因为他们的命令是凭借职务权威，且只有在职务权威的范围内才具有形式上的合法性。②

（二）人民调解的合意性

群众性、民间性和自治性是人民调解的本质特征，也是人民调解制度和《人民调解法》的灵魂。人民调解的性质和特征决定了人民调解从方法到程序，都应区别于处理纠纷案件的行政程序和司法程序，凸显人民调解不拘形式、灵活便捷、便民利民的特点和优势。人民调解是人民群众自我教育、自我管理、自我服务的自治活动，人民调解员来自群众、代表群众并服务群众。人民调解委员会开展调解工作，应当遵循当事人自愿平

---

① 马克斯·韦伯. 经济与社会：第一卷[M]. 阎克文, 译. 上海：上海人民出版社, 2010: 319.
② 马克斯·韦伯. 经济与社会：第一卷[M]. 阎克文, 译. 上海：上海人民出版社, 2010: 322.

等、不违背法律法规政策、尊重当事人权利三项原则。这三项原则是人民调解应民需、得民心、顺民意的保证，贯穿于人民调解的全过程和各个环节，充分体现了人民调解的群众性、自治性和民间性。

自愿平等原则是人民调解的基础。调解的启动、进行以及协议的履行都取决于当事人的意愿。调解过程中当事人根据自己的意愿决定是否调解、由谁调解、如何调解、采取哪种调解方案、如何达成调解协议等重大问题。人民调解委员会主动介入调解的，应首先征得双方当事人的同意；如果一方当事人明确表示拒绝，人民调解委员会不得强制调解。人民调解员只能通过说服、疏导、劝解等方式，帮助双方当事人交换意见，引导当事人自愿达成调解协议。行政调解和司法调解重视法律关系的客体和内容，而人民调解更加重视双方当事人和调解人的主体间性。主体间性存在于"鲜活的当前"，他们在其中彼此言说和倾听，共享同样的时间和空间，"这种共时性是主体间性的本质，因为它意味着我理解其他自我的主观性，就像同时活在自己的意识之梦里……这种对他人的共时性理解，以及他人对我的交互理解，使我们在世界中共存存在可能。"[①]

与司法调解和行政调解相比，人民调解是合意性最强、决定性最弱的调解方式。司法调解来源于国家的审判权，主持者是人民法院。行政调解来源于国家的行政权，主持者是负有调解职能的国家行政机关。这两种调解使用的都是公权力，属于法理型权威。人民调解来源于人民群众的民主自治权，主持者是人民调解委员会。虽然人民调解委员会依法设立，但人民调解员使用的多是传统型权威和卡里斯玛型权威。作为国家权力与公共利益的化身，法院在纠纷解决方面的权威一直受到尊崇，通过诉讼解决纠纷，长期以来被人们视为最权威的纠纷解决方式。行政调解属于官方调解，其强制力高于人民调解。

[①] 乔治·瑞泽尔.古典社会学理论［M］.王建民，译.北京：世界图书出版公司北京公司，2014：432.

在调解范围、法律地位和协议效力方面，三种调解方式也不相同。人民调解的范围主要限于民间纠纷；司法调解的范围是法院受理的所有民事案件、刑事自诉案件和行政赔偿案件；行政调解的范围一般仅限于法定的、单一的具体案件，如侵权纠纷、劳动争议、合同纠纷等。人民调解和行政调解都是非诉讼的调解活动，当事人对调解协议若要反悔或者没有调解成功，均不影响当事人向有管辖权的人民法院提起诉讼。而司法调解是一种诉讼程序，是诉讼内调解。除了婚姻家庭案件必须经过诉讼内调解外，其他民事案件是否需要调解，取决于当事人的意愿，调解不是必经程序。虽然人民调解协议的法律效力高于、强于民事合同，但仍不具备与法院的裁判、调解书等一样的强制执行力。范愉指出："人民调解协议本质上仍属于'私法上的和解'，依靠诚信和自律履行，不能直接作为强制执行的依据。只有通过司法确认，调解协议才可转化为'诉讼上的和解'，产生相当于生效判决的强制执行效力。"[①]

无论是基于人民调解的本质特征和自愿平等原则，还是因为人民调解在强制力、调解范围、法律地位、协议效力等方面不及司法调解和行政调解，都要求人民调解更加重视当事人的合意性和权威的正当性，这是作为非诉讼纠纷解决机制的人民调解发挥作用的基本条件。日本学者棚濑孝雄为审判外调解过程提供了"二重获得合意"的理论框架，即纠纷处理的开始和最终解决方案的提示这两个阶段都必须获得当事者的合意。[②] 也就是说，在调解启动、调解过程和处理结果的各个阶段都应取得当事人的一致同意。人民调解员对纠纷的解决没有强制力，双方当事人通过信息交换和利益妥协达成共识，不需要第三方作出某种处置性的决定。而在公力救济中，即使没有获得纠纷双方当事人的合意，法院的最终判决也具有最终的强制力。

[①] 范愉.《中华人民共和国人民调解法》评析[J]. 法学家，2011（2）：1-12.
[②] 棚濑孝雄. 纠纷的解决与审判制度[M]. 王亚新，译. 北京：中国政法大学出版社，1994：79.

二、人民调解权威的结构类型

(一) 传统型权威

传统型权威建立在人与人之间的自然关系之上，是人类为了适应外界环境，自然发展出来的一套规范彼此权威关系的技术。它是人类社会中最普遍、最繁复的权威形式。传统型权威的较早形式是老人政治和原始家长制，老人政治是年长者统治，而原始家长制则是家长统治。这两种形式都有一个主要首领，但缺乏一整套行政人员。统治者在很大程度上要依赖于成员听从其命令的意愿，因为他没有对付成员的强制性机器。比较现代的传统型权威是家产制，行政和军事力量完全是首领的私人工具。更为现代的传统型权威是封建制，它通过在领导者和下属之间建立较为常见的，甚至契约化的关系来限制首领的自由裁量权，这种约束相应地产生比家产制更为稳定的权力职位。

传统型权威依据悠久规则和权力谱系的神圣性而获得正当性和信仰。统治者根据传统规则而任职，因其传统身份而被服从。对于传统型领袖而言，权威来自习俗，而不是个人特征、技术能力，甚至成文的法律。在彼此熟悉的一群人内部，不遵守习俗的行为会遭到普遍的和实践上可感受到的蔑视。人们接受统治者的权威是因为一直以来都是如此。任何对长期习惯了的行为方式的改变，都会给人带来心理障碍。不可解释的损失造成的恐惧，又强化了这一心理障碍。在传统型权威中，只有少数接近权力核心的人，才能从事政治的行为，其他大多数人都是被支配的对象。因此，传统型权威不是正当性意义的最大凸显，被支配者通常只有服从义务，并没有表达同意与否的权利。

统治者的命令可以通过两种途径获得正当性：一是根据传统，而这种传统本身就能决定命令的内容，并且被认为在不可逾越的限度之内是有效的，且不危及主宰者的传统地位。二是根据在传统范围内赋予主宰者的酌处权,这种传统特权主要依赖于实质上有可能是无限制的个人服从义务。[1] 这样传统型权威既受制于特定传统又免于特定规则束缚。在最原始的情况下,传统型权威"主要依赖于共同教养基础上产生的个人忠诚"[2],这里的"共同教养"是指所有人都接受的教诲——对习俗、惯例、规则等毫不怀疑地服从,而"个人忠诚"是指人们对统治者高度信赖,因为他们主宰这些传统。个人也可能会反抗,但反抗的只是超越传统范围的统治者个人,而不是这种权威类型。

中国古代素有"国权不下县,县下惟宗族,宗族皆自治,自治靠伦理,伦理造乡绅"之说。[3] 费孝通认为,乡土社会是熟人社会、礼治秩序,其权力结构是"无为政治"和"长老统治",教化权力起着重要作用。还有学者认为,"传统中国的乡村秩序主要靠老人的权威、教化以及乡民对于社区中规矩的熟悉和他们服膺于传统的习惯来保证。"[4] 新时代人民调解继承了长老调解的传统,如四川省蒲江县成立了"五老"调解队,队员由老党员、老干部、老代表、老军人、老教师组成,年龄在60岁左右。这些"五老"人员生活在农村,熟悉风土人情,身份受人尊重,说话有分量,摆事实讲道理的方式接地气、很管用。

传统型权威与宗族调解密切相关。宗族信仰根植于孝道和宗族成员的共同生活,这种长期而亲密的生活会产生一个"命运共同体"。"族老由于出身就在整个村落家族血缘关系的中心,因而他们便拥有权威。"[5] 在传统中国社会,宗族权威一直是规避词讼、化解纠纷的主导力量。许多宗族法规定,族内发生的民事纠纷乃至刑事案件均不得擅自告官,就是与乡

---

[1] 马克斯·韦伯. 经济与社会:第一卷[M]. 阎克文,译. 上海:上海人民出版社,2010:334.
[2] 马克斯·韦伯. 经济与社会:第一卷[M]. 阎克文,译. 上海:上海人民出版社,2010:333.
[3] 秦晖. 传统十论:本土社会的制度、文化及其变革[M]. 上海:复旦大学出版社,2003:3.
[4] 王铭铭,王斯福. 乡土社会的秩序、公正与权威[M]. 北京:中国政法大学出版社,1997:417.
[5] 王沪宁. 当代中国村落家族文化:对中国社会现代化的一项探索[M]. 上海:上海人民出版社,1991:160.

人发生冲突后,也不得贸然兴讼,而是应在衙门以外进行调解,以求能妥善地私了。① 新中国成立后,宗族势力遭受很大打击,"国家在打击地主、富农等封建剥削阶级的同时,也将宗族组织、家族组织等传统的'权利文化网络'皆作为'封建'典型而通通扫除。"② 不过,改革开放后国家权力开始从乡村后撤,宗族势力又获得重新发展的空间。

(二) 卡里斯玛型权威

"卡里斯玛"原本有宗教意义,即所谓的"圣雄",意指某些人受到神的感召而有特别的魅力,因此魅力而吸引一群人跟随他,组成了所谓的"卡里斯玛共同体"。在这个共同体里,追随者们把领袖看成非同寻常的人物,因为领袖具有超自然的或超人的、至少是特别罕见的力量和素质。这些力量和素质为普通人所不可企及,且被认为出自神圣来源或被当作楷模。③ 斯宾塞(Spencer)指出,韦伯的"卡里斯玛"至少有三种含义:在最经典的意义上,指某种"恩典的礼物",即超自然赋予领袖的能力;指某些群体、角色或物品具有的使人敬畏或神圣的特征;在世俗的意义上,指某种人格特质。这三种用法在韦伯那里并没有明确区分。④

如果追随者认为领袖是卡里斯玛型的,那么他便可能是一个卡里斯玛型领袖,这与领袖是否真正具有非凡特征无关。韦伯说:"至于如何从伦理的、美学的或者其他的什么观点出发对这种品质作出终极评价,对于定义的目的来说自然是完全无关紧要的。惟一重要的是那些服从超凡魅力权威的人、那些'追随者'或'信徒'实际上是如何看待这种人物的。"⑤ 如果领袖的超凡魅力被公认的证据所证实,这种承认就会大量涌现并得到保障。如果一位领袖长时间得不到这种证据,很可能就是他的神、他的神

---

① 费成康. 中国的家法族规 [M]. 上海:上海社会科学院出版社,2016:81.
② 强世功. 法制与治理:国家转型中的法律 [M]. 北京:中国政法大学出版社,2003:101.
③ 马克斯·韦伯. 经济与社会:第一卷 [M]. 阎克文,译. 上海:上海人民出版社,2010:351.
④ 刘琪,黄剑波. 卡里斯玛理论的发展与反思 [J]. 世界宗教文化,2010 (4):86-92.
⑤ 马克斯·韦伯. 经济与社会:第一卷 [M]. 阎克文,译. 上海:上海人民出版社,2010:351.

秘力量或者英雄力量舍弃了他。至关重要的是，如果他的领导权不能给追随者带来实惠——不仅是经济性的，更重要的是一种内心的幸福体验，那么他的卡里斯玛权威就会荡然无存。"只要个人的超凡魅力能够得到证实，就是说，只要它得到公认，只要追随者与信徒体验到了超凡魅力的益处，这就是超凡魅力权威的惟一正当性基础。"[①]

这里蕴含着一个悖论：在纯粹意义上，卡里斯玛式领袖自身就是权力的源头和终结，不需要任何外在的力量赋予或证明他的权力；然而，这种权力又只能在实际的支配过程中得到体现，一旦失去了现实力量，卡里斯玛也就失去了意义。[②] 不过，对于名副其实的卡里斯玛来说，其正当性要求的基础并不在于得到这种承认，而在于这样的观念：服从卡里斯玛权威的人们有义务承认它的名副其实并据此行动。[③] 从心理学角度看，这种承认乃是处于激情、绝望或希望等情绪中，而对卡里斯玛品质拥有者的纯个人忠诚。

传统型权威和法理型权威都有最低限度的理性，亦即它们是见诸于日常的行为关系上；而卡里斯玛型权威是非理性的，领导者和被领导者之间的关系完全被感情所支配。卡里斯玛型权威也是不稳定的，通常维持不久，因为它纯粹地追求非日常性的目标，甚至在生活中完全"反经济"，类似于对救世主的崇拜，这种非理性力量也是历史充满变数的理由。卡里斯玛型权威要在力所能及的范围内拒绝过去，从这个意义上说它是一种特别具有革命性的力量。

道德楷模因其德高望重而具有卡里斯玛型权威，这与韦伯的卡里斯玛型权威有细微差别。无论是治水有功的大禹还是富国兴邦的唐宗宋祖，在中国的德治礼治文明中，卡里斯玛型权威都更加强调领袖的道德品质。王

---

① 马克斯·韦伯. 经济与社会：第一卷 [M]. 阎克文, 译. 上海：上海人民出版社, 2010: 354.
② 刘琪, 黄剑波. 卡里斯玛理论的发展与反思 [J]. 世界宗教文化, 2010 (4): 86-92.
③ 马克斯·韦伯. 经济与社会：第一卷 [M]. 阎克文, 译. 上海：上海人民出版社, 2010: 352.

斯福和王铭铭在《草根权威》中研究发现，民间权威的"卡里斯玛"不是体现在神迹和狂喜的迷醉经验之中，而是具有强烈的道德意味，这种道德性来源于地方传统，并随着时代变迁注入新的要素。[①] 浙江省敬业奉献道德模范吴强忠退休后担任"人民调解员"，他凭自己"三寸不烂之舌"化解了许多疑难矛盾纠纷，包括多起群体性事件。全国模范人民调解员杨斌圣同时也是江西省劳动模范，他用真诚对待事业，用真情关爱群众，用真心化解难题。

地方精英是指在社区中"比其他成员能调动更多社会资源，获得更多权威性价值分配的人"[②]，他们是地方上富有影响力的人物，比普通人更具有超凡魅力。"地方精英"的核心要素是对地方的"支配"，其支配的来源是对社会网络、庇护、经纪、调解等各种策略的运用，以及对物质、社会、个人或象征性资源的控制。[③] 在韦伯看来，卡里斯玛型权威更多来自人们的主观认定，这种认定又与特定社会的本土文化观念密切相关。地方精英只有践行特定文化观念，当地群众才会接受与崇敬他们，进而产生卡里斯玛型权威。

（三）法理型权威

被支配者服从于比较普遍的、超越个人的原则，而不是对某个人的信任，这就是法理型权威。法理型权威基于非人格的法律规章，前提条件是有既定的合法规范，这个规范须经过强制或协商而确立，至少组织成员被要求服从。服从者只因身为组织成员才服从，且仅服从非人格的秩序而不是权威人物。权威人物只有被秩序赋予管辖权时，成员才有服从他的义务。也就是说，权威人物的支配权与其领导位置有关，与其个人没有关

---

① 刘琪，黄剑波. 卡里斯玛理论的发展与反思 [J]. 世界宗教文化，2010（4）：86-92.
② 费孝通. 乡土中国 [M]. 北京：人民出版社，2008：30.
③ 李晓斐. 当代乡贤：地方精英抑或民间权威 [J]. 华南农业大学学报（社会科学版），2016（4）：135-140.

系。权威人物也要服从非人格的秩序,他发号施令时应以秩序为取向。服从者和权威人物在秩序和法律面前一律平等。

法理型权威能排除传统型权威和卡里斯玛型权威的不确定性,可达到一种计算性的效果。[1] 传统型权威是建立在传统的神圣性基础上的,坐在位置上的人在贯彻他的意志时,因权力无限大,很可能变成恣意、任性的暴君。这其间的变化性很大,脱离不了人治的色彩,因此这种类型在本质上是不可预测的,随个人在位置上的特性而有不同变化。卡里斯玛型权威则是纯粹的人治,变数也很大。在法理型权威中,其命令与服从的关系经过理性化完成一套程序,这一套程序是建立在所有公民同意的基础上,扩大了公民参与政治的权利。在此种有限的服从中,政治的意义也特别凸显了正当性。建立在法理型权威基础上的社会秩序是最稳定的,因为公民与权力的关系是确定和可预期的,人们不会有覆巢之卵的危机感。

我国的调解制度源远流长。据《周礼·地官》记载,西周时期就有专门负责调解事务的官员,称为"调人","掌司万民之难而谐和之"。[2] 秦汉之后,乡官治事成为官方的调解机制,出现了啬夫(秦汉),里正、坊正(唐代),保甲长(宋代),社长(元代)等小吏,他们承担着乡村调解的职责。明代设置"申明亭",并有里长、里老之职,据《大明律》记载:"凡民间应有词讼,许耆老、里长准受于本亭剖理。"[3] 清代,官方更加重视调解,《牧令全书》说:"公庭之曲直,不如乡党之是非。"[4] 此时出现了一种新的调解形式——官批民调,即事关亲族关系、伦理道德、社会风俗的,或者官府认为情节轻微的矛盾纠纷,官方会指派保甲、亲

---

[1] 顾忠华. 韦伯学说的当代诠释 [M]. 北京:商务印书馆,2016:313.
[2] 陈戍国. 周礼·仪礼·礼记 [M]. 2版. 长沙:岳麓书社,2006:32.
[3] 彭芙蓉,冯学智. 反思与重构:人民调解制度研究 [M]. 北京:中国政法大学出版社,2013:28.
[4] 张程. 制度与人情:中国古代政治文化 [M]. 西安:陕西人民出版社,2016:156.

族、乡绅等人员进行调处。第一次国内革命战争时期，中国共产党领导下的农会组织中设有调解组织，负责调解群众间的矛盾纠纷，被认为是现代人民调解制度的开始。抗日战争时期，人民调解工作的条例、规程在各根据地和解放区相继颁布，进一步发展了人民调解制度。1950年颁布的《中央人民政府政务院关于加强人民司法工作的指示》，要求"应尽量采取群众调解的办法以减少人民讼争。"1954年，《人民调解委员会暂行组织通则》颁布，在全国范围内首次确立了人民调解制度。1982年，人民调解制度写入《宪法》；随后，《村民委员会组织法》《城市居民委员会组织法》《婚姻法》《继承法》等对人民调解作出具体规定。2010年，第十一届全国人大常委会第十六次会议审议通过了具有里程碑意义的《人民调解法》，它是我国第一部全面规范人民调解工作的法律。

《人民调解法》的立法依据是《宪法》，它对人民调解的性质特征、组织形式、基本程序、受理范围、是否收费、调解效力等方面做了具体规定。人民调解委员会依法设立，首先，设立主体符合法律规定，主要包括村民委员会、居民委员会、企业事业单位、乡镇、街道、社会团体或其他组织等；其次，相关工作制度符合法律规定，如人民调解委员会的产生方式、调解员的条件、调解不收费等；最后，工作范围符合法律规定，只能调解民间纠纷，不能调解涉及重大公共利益或应当由专门机关管辖处理的纠纷案件。

虽然人民调解委员会具有法理型权威，但《人民调解法》坚持和巩固了人民调解的群众性、民间性、自治性的特征，进一步体现了人民调解的灵活性和便利性，避免了人民调解程序司法化的倾向。《人民调解法》将"合法原则"表述为"不违背法律、法规和国家政策"，实际上将合法性定位为"不违法"，意在鼓励各种民间社会规范作为调解依据，发挥其变通、协商、选择的价值和作用，更加适合社区调解的需要和规律。《人民调解法》支持社会人士参与调解，为民间团体、社会人士、志愿者参与人民调解提供了合法依据，有利于保证人民调解的民主性和开放性，避免少数机构组织、专职人员和法律人对调解的垄断。① 黄宗智认为，在清代官方审判和民间调解之间存在"第三领域"，② 人民调解也许是超越了国家与社会、公力救济与私力救济的"第三领域"。但在现实中，司法所长和村主任通常兼任乡村两级人民调解委员会主任，身份的"混乱"容易导致人民调解的行政化、司法化倾向。

西方国家在承认司法权威的同时，从未否认过诉讼固有的弊端和局限，如对抗性、高成本、零和结果、缺少建设性等。以快立、快审、快结、快执方式处理群体案件，会取得一定的效果，但并不符合司法诉讼的定位及运行规律，容易出现运动化和工具主义的弊端。科特威尔（Cotterrell）指出："法律统治必然导致规则统治，然而规则仅仅是规则而已，它并不考虑社会的道德价值和政治理想。"③ 家庭的温情、邻里的礼让、交易过程的诚信乃至社会的宽容和责任感，往往会在简单的权益对抗中逐渐贬值失落。④ 范愉进一步指出，司法的核心作用并不意味着其管辖的无限性和垄断性，归根结底，诉讼只能作为一种法定终局性程序而存在。在解决常规性纠纷方面，诉讼不可能占据量的优势，而且从结果和效果上看，也并非唯一和绝对公正的处理。⑤

（四）三种权威类型比较

基于以上分析，可以从服从对象、正当性基础、基本特征以及调解主体几方面，比较三种权威类型的不同，如表 1-1 所示。

---

① 范愉. 多元化纠纷解决机制与和谐社会的构建 [M]. 北京：经济科学出版社，2011：348-349.
② 黄宗智. 清代的法律、社会与文化：民法的表达与实践 [M]. 上海：上海书店出版社，2007：107.
③ 科特威尔. 法律社会学导论 [M]. 潘大松，等译. 北京：华夏出版社，1989：182.
④ 范愉. 多元化纠纷解决机制与和谐社会的构建 [M]. 北京：经济科学出版社，2011：43.
⑤ 范愉. 多元化纠纷解决机制与和谐社会的构建 [M]. 北京：经济科学出版社，2011：36.

表1-1 三种权威类型比较

权威类型	服从对象	正当性基础	基本特征	调解主体
传统型权威	首脑角色	习俗、惯例、权力谱系	正当性较弱，无行政班子	长老调解、宗族调解
卡里斯玛型权威	领袖本人	罕见神性、英雄品质、典范特性	非理性、感情支配、革命性	道德楷模、乡村精英
法理型权威	法律规章	非人格秩序、已制定的规则	理性、可预期、稳定	人民调解委员会

三、人民调解权威的功能整合

（一）功能整合的必要性

韦伯的三种权威形式划分是一种理想类型。理想类型是研究者从某种特定的视角出发，对现实世界的某些因素（不是全部）进行综合与概括，然后加以强调或突出，使之抽象化的结果。在现实世界中，某种权威类型通常会包含另外两种类型。例如，法理型权威不仅来源于法律规章，也依赖于人们长期形成的习俗和信仰，因此，它有传统型权威的成分；又如，如果一位领导者长期不出成绩，他的能力和威望就会受到人们的怀疑，甚至被要求替换掉，其中也有卡里斯玛型权威的成分。

功能主义认为，整体的每一部分都发挥作用且相互依存，从而维持了有机、统一的整体。默顿（Merton）指出这种功能主义的两个错误的假定：一是"功能一体性"假定，即认为社会系统对其各组成部分具有高度的整合性，每一事项或部分都承担特定的功能；二是"普遍功能主义"假定，即认为所有标准化的社会或文化事项都履行积极的社会功能。[①] 因此，三种权威类型组合不一定就是整体大于部分之和，也不能保证它们不会出现反功能和负功能。三种权威类型可能相互促进，也可能存在持续的

---

① 侯钧生．西方社会学理论教程［M］．3版．天津：南开大学出版社，2010：184．

张力或冲突。韦伯将卡里斯玛型权威同传统型权威、法理型权威对立起来，前者完全依靠追随者的自愿服从，不依赖经济利益维持，也没有固定的行政班子和管理制度。卡里斯玛型权威还会对后两种权威类型构成威胁，因为卡里斯玛型领袖是建立在能够吸引追随者的个人能力基础上，既不靠传统也无法律规定，他们很可能鼓动追随者漠视，甚至去推翻传统型权威和法理型权威。因此，韦伯主张卡里斯玛型权威应向现代社会的民主方向变革，逐渐转换成法理型权威。

"人民调解从诞生之日起，就不仅限于一种单纯的纠纷解决制度，而是一种重要的基层治理机制。"[①] 中国传统社会是一种德治、礼治、法治相结合的综合治理模式，兼有三种权威类型，这对当代中国基层社会治理仍有借鉴意义。德治强调道德内容和道德修养，属于卡里斯玛型权威。礼治是道德的外化形式，倾向于传统型权威。法治的依据是法律规章，属于法理型权威。德治是人格化的治理模式，适用于私人领域；礼治、法治是制度化的治理模式，适用于社会治理的公共领域。礼有教化功能，防患于未萌；法有规训功能，惩戒于已发。[②] 礼治主要用于"熟人社会"，法治主要用于"陌生人社会"，它们建立在两种不同的社会和文化的基础上，即滕尼斯的共同体与社会，"前者是礼俗社会，后者是法理社会。""乡土社会是亚普罗式的，而现代社会是浮士德式的"。[③]

人民调解面临的现实困境，也需要整合多种权威类型来共同化解矛盾。有人把当前乡村调解概括为"传统型权威逐渐式微、卡里斯玛型权威难以为继、法理型权威艰难生长"[④]。当代中国社会，年轻人对老人的教导很难言听计从，父母也在家事活动中失去话语权。地方精英的卡里斯

[①] 范愉，李泽. 人民调解的中国道路：范愉教授学术访谈 [J]. 上海政法学院学报：法治论丛，2018（4）：1-9.
[②] 程广云. 当代中国精神 [M]. 合肥：安徽人民出版社，2015：218.
[③] 费孝通. 乡土中国 [M]. 北京：人民出版社，2008：43.
[④] 邓春梅，潘志坤. 中国乡村调解的权威嬗变及其思考：以马克斯·韦伯权威类型理论为分析工具 [J]. 石河子大学学报（哲学社会科学版），2016（2）：51-55.

玛型权威在村民心中"祛魅",他们往往通过竞选村干部才能维持权威地位。村人民调解委员会大多依附村民委员会而存在,多处于"虚置"状态。人民调解委员会的现状需要三种权威类型结合起来。浙江省诸暨市将老党员、老干部、道德模范、企业家、教育科研人员、离乡干部等地方精英纳入新乡贤队伍,成立乡贤调解团,形成新时代"枫桥经验"。

(二)功能整合模式

首先,人民调解的外部整合,实现"三调联动"。《人民调解法》规定,基层人民法院、公安机关对适宜通过人民调解方式解决的纠纷,可以在受理前告知当事人向人民调解委员会申请调解。如是规定便于推进人民调解与司法调解和行政调解的衔接联动。在实践中,既可以通过基层人民法院设立人民调解室,实现司法调解与人民调解的衔接;也可以通过在公安派出所设立人民调解室,实现行政调解与人民调解的衔接。"三调联动"的理论依据是多元化纠纷解决机制和大调解格局。多元化纠纷解决机制强调诉讼与非诉讼、法律机制与其他社会调整机制、国家权力与社会自治、公力救济与社会救济及私力救济之间的协调互动,以实现多元化的功能和价值。[①] 大调解是将人民调解、行政调解、司法调解相互衔接有机结合的矛盾纠纷排查调处工作机制。目前,我国已基本形成以人民调解为基础,人民调解、行政调解、行业性专业性调解、司法调解优势互补、有机衔接、协调联动的大调解工作格局。多元化纠纷解决机制和大调解格局的重要特点是纠纷解决主体的多元化和社会化,实现了三种权威类型的衔接和互补。

其次,人民调解的内部整合,使三种权威主体形成合力。《人民调解法》第20条规定:"人民调解员根据调解纠纷的需要,在征得当事人的同意后,可以邀请当事人的亲属、邻里、同事等参与调解,也可以邀请具

[①] 范愉. 多元化纠纷解决机制与和谐社会的构建 [M]. 北京:经济科学出版社,2011:36.

有专门知识、特定经验的人员或者有关社会组织的人员参与调解。人民调解委员会支持当地公道正派、热心调解、群众认可的社会人士参与调解。"这条规定可以吸纳更多的卡里斯玛型权威和传统型权威主体参与人民调解,有助于人民调解委员会灵活处理各种矛盾纠纷。但也要理顺三种权威的关系,不要出现负功能和反功能。功能是观察的结果,它们既可以是正功能,也可能是负功能,甚至是无功能;还可能是反功能,会削弱系统的适应或调整。

棚濑孝雄说:"无论什么样的纠纷解决制度,在现实中其解决纠纷的形态和功能总是为社会的各种条件所规定。"[1] 传统型权威、卡里斯玛型权威在处理民间纠纷方面比法理型权威更加有效,这与民间纠纷的类型和特点有关。民间纠纷以家庭纠纷为主,对于家庭成员而言,感情重于权利,脸面大于利益。优秀法官金桂兰在处理家庭纠纷时,不是"辨法"而是"析理",而且"辨"的是家常道理,不是法理。[2] 因为"日常生活中的纠纷是人人皆知的公共地方性知识"[3],亲属、邻里、同事对纠纷发生的事实及其背景故事心知肚明。"在关系密切的人们中,法律不是活跃的,法律随着人们之间距离的增大而增多。"[4] "合情不合法,合法不合情"是行政机关和司法机关在处理乡村纠纷时经常遇到的难题,给行政官员和司法人员带来很大的困惑。传统型权威、卡里斯玛型权威在破解"合情不合法,合法不合情"的难题方面发挥了重要作用。例如,根据农村风俗习惯,嫁出的女儿一般不负赡养义务,但是法律规定儿女都有赡养父母的义务,也有继承父母遗产的权利,这种情况下产生的纠纷采取诉讼的方式很难解决,而是要结合当地的实际情况、运用乡土逻辑、通过民间

---

[1] 棚濑孝雄. 纠纷的解决与审判制度 [M]. 王亚新, 译. 北京: 中国政法大学出版社, 1994: 21.
[2] 郭强. 记"心系百姓的好法官"金桂兰 [N/OL]. 工人日报, 2005 - 11 - 03 [2020 - 12 - 02]. https://www.chinacourt.org/article/detail/2005/11/id/184764.shtml.
[3] 梁治平. 清代习惯法: 社会与国家 [M]. 北京: 中国政法大学出版社, 1996: 53.
[4] 布莱克. 法律的运作行为 [M]. 唐越, 苏力, 译. 北京: 中国政法大学出版社, 1994: 47.

调解的方式来解决。地方精英和社区长老虽然熟悉"地方性知识",但在运用法律知识和专业知识上力不从心。在具体的纠纷解决过程中,他们可能会出现强制调解、诱导调解、公开调解、法庭化调解(对抗式)等违反调解原则和规律的做法,这也需要法理型权威主体的介入。

最后,人民调解的显功能与潜功能互补。显功能是指某一具体单元(人、亚群体、社会系统和文化系统)的那些有助于其调适并且是有意安排的客观后果;潜功能是指同一层次上的无意图的、未认识到的后果。[①]在村民看来,乡镇司法所的人民调解员就是"政府干部",很多村民并不知道司法所与人民调解委员会是"一班人马,两块牌子"。村民接受和认可调解,多是基于对政府工作人员的信任,此时人民调解员是法理型权威的载体。当然,司法所人员若要有效化解农村纠纷,除了具备法理型权威外,还要有卡里斯玛型权威。纠纷双方当事人接受调解,很大程度上也是对调解人员个人能力的认可和道德品质的尊敬。同样,村干部作为村民委员会的代言人,他们既有权力,又熟悉村规民约,故能化解民间纠纷。

从三种调解方式和三种权威类型的关系变化来看,司法调解和法理型权威的显功能越来越突出,这或许与人们追崇"法治万能""诉讼万能"有关。与此同时,人民调解被视为是法治的对立面而受到非议,被认为是传统中国缺乏法治的产物,是一种落后的纠纷解决机制。持有这种观点的人没有认识到人民调解和传统型权威、卡里斯玛型权威的潜功能,它们仍是化解民间纠纷的重要力量。诚如罗伯特·C. 埃里克森(Robert C. Ellickson)所说:"法律制定者如果对那些会促成非正式合作的社会条件缺乏眼力,他们就可能造就一个法律更多但秩序更少的世界。"[②]

[①] 罗伯特·K. 默顿. 社会理论和社会结构 [M]. 唐少杰,齐心,等译. 北京:译林出版社,2015:170.

[②] 罗伯特·C. 埃里克森. 无需法律秩序:邻人如何解决纠纷 [M]. 苏力,译. 北京:中国政法大学出版社,2003:1.

四、结论与探讨

从词源学和翻译的角度,本书阐释了"权威"的来源和"正当性"的内涵,这对人民调解研究具有重要意义。"权威"是"命令－服从"关系,仅看到领导者的支配地位而没有看到被领导者的服从意愿,显然是对韦伯的权威理论的误解。被支配者服从命令不是因为暴力,而是一种自愿行为,它是主观信念和外在规范相互作用的结果。人民调解虽然在强制力、调解范围、协议效力等方面不及司法调解和行政调解,但人民调解坚持自愿平等原则,强调当事人之间、当事人与调解人之间的合意性,比司法调解和行政调解更具有正当性。

从结构－功能主义的视角,本书阐述了韦伯的三种权威类型及其功能整合。传统型权威、卡里斯玛型权威、法理型权威的"正当性"分别建立在传统基础、超凡魅力基础和理性基础之上。传统型权威服从的对象是首脑角色,历史上有四种形式——老人政治、原始家长制、家产制和封建制,在人民调解领域主要表现为长老调解和宗族调解。卡里斯玛型权威服从的对象是具有超凡魅力的领袖,在乡村社会表现为道德楷模和地方精英。法理型权威服从的对象是非人格秩序。虽然人民调解委员会依法设立,具有法理型权威,但人民调解员使用的多是传统型权威和卡里斯玛型权威,彰显了人民调解的民间性、群众性特征。

人民调解权威的整合模式有三种:外部整合、内部整合、显功能和潜功能整合。人民调解的外部整合就是与司法调解、行政调解进行有机衔接、协调联动,内部整合就是邀请社区和宗族长老、地方精英、道德楷模等参与调解。这两种整合模式旨在实现传统型权威、卡里斯玛型权威和法理型权威的优势互补,形成工作合力。随着人民群众的法律意识和维权意识的不断提高,法理型权威占据主导地位,即显功能明显,但也要重视潜功能的作用,即传统型权威和卡里斯玛型权威在化解乡村纠纷中仍然起着重要作用,这是由民间纠纷的类型和特点决定的。

第三节 "六尺巷"调解文化探析*

德国法学家耶林说:"原告为保卫其权利免遭卑劣的蔑视而进行诉讼的目的,并不在于微不足取的标的物,而是为了主张人格本身及其法感情这一理想目的,与这一目的相比,诉讼带来的一切牺牲和劳神对权利人而言,通通无足挂齿——目的补偿了手段。"[①] 在"六尺巷"纠纷中,区区三尺土地,对两个名门望族并不重要,那么张吴两家争的是什么?斗的是啥?互让三尺化干戈为玉帛,他们让出的又是什么?"六尺巷"调解为当代留下了哪些文化遗产?值得深思和探究,这也是本节研究的旨趣。

一、张吴两家"争面子"和"斗气"

清代康熙年间,大学士张英在安徽桐城的府邸与当地望族吴家相邻,吴家建房欲占用张家地基,双方发生纠纷,告到县衙,县官碍于两家势力难以定夺,于是张家驰书京都求援,张英批诗回复:"千里家书只为墙,让他三尺又何妨。万里长城今犹在,不见当年秦始皇。"张家深明大义,立即拆让三尺,吴家深为感动,也连让三尺,形成了"六尺巷"。笔者认为,张吴两家大动干戈,争的是"面子",斗的是"气"。

中国人特别爱面子,这在文学作品、俗语谚语和名人名言中多有论述。常言"给面子""赏面子""留面子""丢面子""没面子""争面子""讲面子""顾面子""装面子""死要面子""不看僧面看佛面""打狗要看主人面""死要面子活受罪"等。对于一个中国人而言,"面子

---

* 该文初稿曾在第九届人民调解理论与实务研讨会交流,本人写作完成,他人代为发言。
① 鲁道夫·冯·耶林. 为权利而斗争[M]. 胡宝海,译. 北京:中国法制出版社,2004:20.

坏了"是非常耻辱的,鲁迅说:"假如说,中国人以生命维护'面子',未免有些夸张,但其重视的程度,可以说仅次于生命。"① 林语堂认为,主宰中国传统社会的统治者是所谓阳性的三位一体(官僚、士绅、富豪)和阴性的三位一体(面子、命运、恩惠)。② 在阴性三位一体中,面子的力量最大,它比命运、恩惠对中国人的影响力和统治力更强,拥有面子的人,尤其是有"很大的面子"的人,"可以凌驾于一切法律和宪法之上,更不用说什么交通规则、博物馆规定之类。"③

中国人为什么"好面子"呢? 这大概由生理功能、地位象征、心理表现、人格标记等多方面原因造成。④ 人获得的信息大约有90%来源于头部,脸面恰在头部的正面,是别人可见到的最重要部位,从而引申出脸面为人的尊严所在。人们称有作为的人为"头面人物",警示"骂人不揭短,打人莫打脸"。天地人三才之道是中国古人对宇宙整体的总的看法,头脸是人的最高部位,它离天最近、离地最远,象征人的高贵之意。在中国古代社会中,一个没有社会地位或者地位卑微的人,是不可以"抬头"的,位卑者在位高者面前只能"低头""俯首"听命,因为位卑者在位高者面前是没有"脸面"的。一个人的情绪情感和心理状态最明显地通过人的脸面部位反映出来,如脸色的变化、脸部肌肉的运动、脸面上的附着物。中国人还甚至发明了面相术,民间风俗对人的头形、面容也有讲究。不论是人的心理状态在脸面的自然表露,还是算命者根据脸面特征推知人的善恶和命运,都突出了人的脸面部分与人的心理活动的对应关系。俗语说"人如其面""面如其人""老面孔""新面孔""生面孔""好面熟""一面之交""熟人熟面"等,这反映了人们

---

① 鲁迅研究资料编辑部.鲁迅研究资料:第3辑[M].北京:文物出版社,1979:49.
② 林语堂.中国人:全译本[M].郝志东,沈益洪,译.上海:学林出版社,2007:170.
③ 林语堂.中国人:全译本[M].郝志东,沈益洪,译.上海:学林出版社,2007:174.
④ 佐斌.中国人的脸与面子:本土社会心理学探索[M].武汉:华中师范大学出版社,1997:41-44.

在社会交往中对脸面的感知和回忆，说明脸面是一个人的重要的人格标志，人们总是千方百计地保护好自己的脸面，掩饰弱点，给他人留下好印象。

一个普通人都是如此爱面子，而对一个像张家、吴家这样的名门望族来说更是要争面子。所谓名门望族，是指历史悠久而声望很高的家族。唐力行认为，名门望族需要具备以下条件：一是历史悠久，如徽州望族"自嘉庆时逆溯得三十世以上者为甲族"。二是代有官宦，《名族志通知贴》入选标准是"三台九鼎之贵悉载，一官半职之荣亦书"。三是儒学传家，在地方上立言、立德，有崇高地位。四是素封之家，素封的标准是"富等千户侯，名重素封"，不仅有钱，而且有德。[①] 翟学伟认为，家族制度中的崇拜祖先和共财同居为每一个中国人提供了脸面心理与行为的原动力。[②] 崇祖、孝敬、同堂、共财给传统中国人的心理和行为带来了重大影响，其重要特征就是一切以家族为重，以个人为轻；以家族为主，以个人为从；以家族为先，以个人为后。[③] 更不要说面子事关名门望族的能力、品行和社会声望。麦高温说："'面子'这个字眼包含的另外一层含义是自尊或尊严，这是中国人在任何时候以任何代价都要全力以赴的东西。无论是对是错，他都不能使自己处于蒙羞的境地，要不惜任何代价来维持自己的'面子'"。[④] 面子不仅对个体有心理功能，对家族和群体也同样起作用。

张家和吴家表面上是在"争面子"，心里却是在"斗气"，吴家埋怨张家不给面子，张家认为吴家欺人太甚。"气"是人的一种情感状态，包括生气、欺负、习气等。滋贺秀三说，传统中国人的讼争所要维持的是

[①] 唐力行.徽州宗族社会［M］.合肥：安徽人民出版社，2005：17.
[②] 翟学伟.中国人的脸面观：形式主义的心理动因与社会表征［M］.北京：北京大学出版社，2011：127.
[③] 杨国枢，余安邦.中国人的心理与行为［M］.台北：桂冠图书公司，1993：87–142.
[④] 麦高温.中国人生活中的明与暗［M］.朱涛，等译.北京：时事出版社，1988：336.

"情理",即一种"常识性的正义平衡感",同西方人和现代相比,古代人不把争议的标的孤立起来看,而是将对立的双方,甚至周围的人的社会关系加以总体全面的考察。① "气"需要释放,家族荣誉更不能退让,于是张家和吴家打起让人无法理解的"离奇个案"——"千里家书只为墙",官司成本高而标的物小,两者形成鲜明对比。事实上,张家和吴家打官司,并不是为了标的物本身——"三尺土地",也不是为了法治秩序下的权利,而是为了"面子",它与耶林所说的法感情不相关,而与"气"相连。对于两个家族来说,"气"的成分远远大于"权利意识"。

二、张英的礼让思想与调解智慧

清代礼部尚书张英劝解家人"让他三尺",张家"感其义",吴家"佩其德",成就了"六尺巷"的礼让美德。费孝通指出,传统中国的乡土社会是一个礼治的社会,"礼治秩序"是乡土社会的基本特征,它不是靠法律,而是靠传统与教化来维持的。② 孔子主张"道之以德,齐之以礼,有耻且格"③。意思是用道德引导民众,用礼教规范民众,使民众有羞耻感,并且能使自身行为归正。礼即为政,孔子说"为国以礼",荀子说"国之命在礼"及"国无礼则不正"。礼是一个人立身社会的必要条件。《礼记·曲礼》说:"人有礼则安,无礼则危。"《论语》说:"不学礼,无以立。""人而不仁,如礼何?"荀子提出"人无礼则不生,事无礼则不成,国家无礼则不宁"④ 的论断。

礼治推崇和谐,《论语·学而》强调"礼之用,和为贵"。金耀基说,

---

① 滋贺秀三,王亚新,梁治平,等. 明清时期的民事审判与民间契约 [M]. 北京:法律出版社,1998:13.
② 费孝通. 乡土中国 [M]. 北京:生活·读书·新知三联书店,1985:48-53.
③ 陈晓芬,徐儒宗,译注. 论语·大学·中庸 [M]. 北京:中华书局,2015:27.
④ 张觉. 荀子译注 [M]. 上海:上海古籍出版社,2012:12.

中国人崇尚和谐，所以重视"礼"，礼是为建立人间秩序与和谐而设的。[1]张英在家训中指出："天体至圆，故生其中者，无一不肖其体。……凡天地自然而生皆圆。其方者，皆人力所为。……万事做到极精妙处，无有不圆者。"这种"圆"就是一种和谐。张英强调家庭和谐的重要性，他说："福之兴，莫不本于家室。夫福非和不致，和非积不成。"张英称赞他的母亲"持家有礼法，事大人诚敬婉顺"。正是因为张英深知"家和万事兴"的道理，他才没有挑事，而是以和为贵。

"礼"的核心精神是让，礼让精神是我国的传统美德。《论语·里仁》云："能以礼让为国乎？何有？不能以礼让为国，如礼何？"[2]意思是说：能够用礼让原则来治理国家，那还有什么困难呢？不能用礼让原则来治理国家，又怎么实行礼呢？《左传·襄公十三年》云："让，礼之主也。"[3]《礼记·曲礼》云："退让以明礼。"[4]《孟子·公孙丑上》云："辞让之心，礼之端也。"[5]孟子认为，辞让之心是礼的开端，它与恻隐之心、羞恶之心、是非之心一起构成人之"四端"。谦让是一个人道德修养的体现，《周易》云："谦，德之柄也。"[6]《左传·文公元年》亦云："卑让，德之基也。"[7]礼让来源于恭敬，《礼记·曲礼》开篇即"毋不敬"，孟子说："恭敬之心，礼也""有礼者敬人"。[8]《礼记·曲礼》指出："夫礼者，自卑而尊人。"[9]就是有礼貌的人要谦虚和尊敬别人。"敬"是一种双向互通、有来有往，"爱人者，人恒爱之；敬人者，人恒敬之"，[10]因此才

---

[1] 金耀基. 从传统到现代 [M]. 北京：中国人民大学出版社，1999：17.
[2] 孙立权，姜海平. 论语注译 [M]. 长春：吉林文史出版社，2011：39.
[3] 左丘明. 左传 [M]. 蒋冀骋，标点. 长沙：岳麓书社，1988：200.
[4] 李彦东，纪凌云. 中国文化名著选读 [M]. 北京：中国电影出版社，2017：47.
[5] 李彦东，纪凌云. 中国文化名著选读 [M]. 北京：中国电影出版社，2017：40.
[6] 南怀瑾. 易经系传别讲 [M]. 上海：复旦大学出版社，2018：358.
[7] 陈戍国，点校. 四书五经：下 [M]. 长沙：岳麓书社，2023：658.
[8] 张衍田，译注. 家训粹语集 [M]. 上海：上海古籍出版社，2022：244，260.
[9] 陈戍国，点校. 四书五经：上 [M]. 长沙：岳麓书社，2023：349.
[10] 孟子. 孟子选注 [M]. 周满江，注译. 桂林：漓江出版社，2014：94.

会出现张家退三尺、吴家让三尺的情节。

张英身为礼部尚书，仍以礼让为先。他回乡扫墓时，在途中遇到挑柴的樵夫，也会退至一边让人家先行。张英在家训中说："古人有言：'终身让路，不失尺寸。'老氏以'让'为宝，左氏曰：让，德之本也。"[①] 他引经据典说明礼让的重要性，朱仁轨说："终身让路，不枉百步；终身让畔，不失一段。"意思是，一辈子让路，也多走不了百步；一辈子让畔，也少不了一段。老子"不敢为天下先"和《左传》记载"礼之主""礼之宗"，都说的是一种谦让与不争。张英指出"满招损，谦受益"的道理："揆之天道，有'满损虚益'之义；揆之鬼神，有'亏盈福谦'之理。"[②] 吃亏是福，"自古只闻'忍'与'让'，足以消无穷之灾悔，未闻'忍'与'让'，翻以酿后来之祸患也。"[③] 他认为忍一时之气、吃一时之亏，可避免更大的气、更大的亏、更大的祸患，即"受得小气，则不至于受大气，吃得小亏，则不至于吃大亏"。[④] 以"六尺巷"为例，虽然张家失去了三尺之地，却化解了邻里纷争，获得了吴氏的尊重与让步。

张英说："欲行忍让之道，先须从小事做起。"一个人想要学会忍让，必须先从小事开始做起。"余曾署刑部事五十日，见天下大讼大狱，多从极小事起。君子敬小慎微，凡事知从小处了。"[⑤] 张英在刑部任职期间，看到过许多骇人听闻的案件，其实都是从很小的事情发展而来的。真正的君子即使对待微小的事情，也总是保持谨慎小心的态度，在事物处于苗头

---

① 张英，张廷玉．父子宰相家训［M］．4版．江小角，陈玉莲，点注．合肥：安徽大学出版社，2017：66.
② 张英，张廷玉．父子宰相家训［M］．4版．江小角，陈玉莲，点注．合肥：安徽大学出版社，2017：66.
③ 张英，张廷玉．父子宰相家训［M］．4版．江小角，陈玉莲，点注．合肥：安徽大学出版社，2017：66.
④ 张英，张廷玉．父子宰相家训［M］．4版．江小角，陈玉莲，点注．合肥：安徽大学出版社，2017：66.
⑤ 张英，张廷玉．父子宰相家训［M］．4版．江小角，陈玉莲，点注．合肥：安徽大学出版社，2017：66.

阶段就加以处理，不会让它往坏的方向发展。在张英看来，邻里乡亲之间相处常有摩擦，这是很平常的，但如果纵容这种风气，任由其发展滋长，这便是非常不正确的事情。因此，他说："处里闾之间，信世俗之言，不过曰'渐不可长'，不过曰'后将更甚'，是大不然！人孰无天理良心、是非公道？"[①]

礼让体现了"不争而胜"的人生智慧。老子在《道德经》中提醒世人："天之道，不争而善胜。""夫唯不争，故天下莫能与之争。"大自然孕育万物，别无私求，故能天长地久，此乃"不争而善胜"的道理。人生在世，能做到不计名利、不争得失、心胸坦荡，天下还有什么人、什么事值得他去争呢？换言之，一个人淡泊名利，什么都不在乎了，别人还拿什么跟他争呢？这就是老子所言"天下莫能与之争"的意思。[②] 张吴两家争地基之时，张英已在朝中担任文华殿大学士，位高权重。以他当时的权力，完全可以争得被吴家占用之地，如果再贪心点，要求邻居"让"出三尺也未尝不可，但张英没有这么做，表现出一种高尚的礼让精神。

三、调解的情面平衡方法

中国传统社会的熟人间遵循"情面原则"。情面原则是从熟悉和亲密关系中生发出来的一种处事原则，它要求人们在待人接物、处理关系时，顾及人情和面子，不偏不倚、合乎情理、讲究忍让。在人情和面子的裹挟下，熟人之间围绕着"给予"和"亏欠"形成了一种类似于"权利"和"义务"的认识，这种"给予"和"亏欠"、"权利"和"义务"在每个人心里都有一本明白账，这本账的"度"由地方性知识加以把握。"给予"和"亏欠"也需要平衡，"人情债"不还是没有脸面的事，只

[①] 张英，张廷玉. 父子宰相家训 [M]. 4版. 江小角，陈玉莲，点注. 合肥：安徽大学出版社，2017：66.

[②] 周碧晴. 六尺巷的启示 [J]. 党政论坛，2002 (8)：45.

不过它是长时段的，不要求每一次和具体的平衡。由情面原则衍生出"不走极端原则"，即在情与理发生冲突时不要"认死理"。在熟人社会，如果一个人只认"理"不认"情"，那就是"不通人情"，无异于不讲理。① 林语堂说："对西方人来讲，一个观点只要逻辑上讲通了，往往就能认可，对中国人来讲，一个观点在逻辑上正确还远远不够，它同时必须合乎人情。"② 张家最后给吴家让三尺地基，讲的就是人情而不是道理。

面子的平衡法则和调解技艺。平衡法则体现在质和量两个方面，从交换性质来看，"你给我面子，我也给你捧场""你损我面子，我也拆你的台""你若翻脸无情，我也对你不客气"，这些面子交换法则为大多数中国人所认可。虽然交换双方不一定追求面子数量上的绝对相等，但也是大体平衡，如代表面子的礼物的厚薄，人情的多少等，脸面上要"过得去""拿得出手""说得过去"。在面子平衡中，首先，大家都有面子，它可以通过当事人的亲和行为来实现。亲和是中国文化所倡导的社会心态和行为，不仅在家庭内要"家和万事兴"，在家庭外也要和和气气。反之，"闹矛盾"是大家都丢面子的行为。你争我斗，我闹你吵，结果是两败俱伤，大家都没有面子可言。张家和吴家打官司失去面子，互让三尺却成了礼让的美誉。其次，要顾及他人的面子。谦让既可以维护他人的面子，也能抬高自己的面子。容纳他人、肯定他人、接受他人，便是对他人自尊心的维护，同时顾及他人的面子。中国人常说"礼多人不怪"，礼节行为也是重视和顾及他人脸面、地位、尊严的表现。最后，我们要保护好自己的面子。办事要有礼有节，表现出良好的教养和形象。学会忍耐，忍可以减少当下的麻烦，也是未来获得更大面子的策略。"内方外圆"

---

① 陈柏峰. 半熟人社会：转型期乡村社会性质深描 [M]. 北京：科学文献出版社，2019：18-20.

② 林语堂. 中国人：全译本 [M]. 郝志东，沈益洪，译. 上海：学林出版社，2007：100.

是中国人成熟稳重的主要内容，它能使自己的面子得到维持甚至放大。日常装扮是防止面子丢失的最常见的生活行为，它能给别人留下一个好印象。

四、结论与探讨

张家和吴家争的不是区区三尺地基，而是面子，斗的是"气"。中国人爱面子，由生理功能、地位象征、心理表现、人格标记等多方面因素决定。张英崇尚礼让精神，并用礼让化解老家纠纷。礼让精神是我国传统美德，它推崇和谐，体现"不争而胜"的生存智慧。"六尺巷"调解表明乡土熟人社会遵守"情面原则"，讲究面子平衡法则，展现面子调解技艺。面子调解要重视主体间性，学会换位思考。

面子调解的主体间性。对吴家来说，张家不让三尺就是不给面子，反而强化了吴家要争这口气。而对张家来说，如果一味忍气吞声，则会让别人看不起，更是没面子。然而，张英看重的则是情与礼，直指面子的内核。俗话说"远亲不如近邻"，这种熟悉与生俱来，从而有了"情分"，遇到纠纷就不能没完没了，大家低头不见抬头见，必须讲人情、顾面子。费孝通说："亲密社群的团结性就依赖于各分子间都相互地拖欠着未了的人情。……欠了别人的人情就得找一个机会加重一些去回个礼，加重一些就在使对方反欠了自己一笔人情。来来往往，维持着人和人之间的互助合作。"[1] 礼是对情的规范，在经历人情礼俗化过程之后，熟人社会中的人情就不只是自然情感，而是与礼俗浑然一体，构成礼俗的基本内涵。礼俗社会因此可以说是人情社会，人情也因此成为乡土熟人社会的基本思维方式。[2] 在日常生活中的主体间性问题，即"如何理解他

---

[1] 费孝通. 乡土社会 生育制度 [M]. 北京：北京大学出版社，1998：72.
[2] 陈柏峰. 半熟人社会：转型期乡村社会性质深描 [M]. 北京：社会科学文献出版社，2019：17.

人"。这就需要我们学会换位思考，能够体会他人的情绪和想法、理解他人的立场和感受，并站在他人的角度思考和处理问题。发生矛盾纠纷时，我们要设身处地、将心比心，尽量了解并重视他人的想法，才能消除误解和隔阂。

第二章

城市社区治理

CHAPTER 2

上海市对基层社区治理体系的探索从未停歇,从新中国成立初期基层政权的建设和基层群众性自治组织网络的铺设,到改革开放之后社区服务、社区建设的发展,再到新时代探索"社区管理"向"社区治理"的转变,上海市的基层治理一步一个脚印,逐步走出一条符合超大城市特点和规律的社会治理新路子。[①] 自2014年上海市委推进"创新社会治理加强基层建设"一号课题以来,上海市街镇、居村因地制宜,探索形成了各具特色、百花齐放的社区治理工作方法。

第一节 城市高空坠物整治

Y街道办事处以习近平法治思想为指导,坚持以人民为中心,坚持全面依法行政,在法治轨道上推进高空坠物治理能力现代化。街道办事处重视高空坠物安全隐患排查整治工作,全面摸底排查高空坠物的基本情况,重点整治和全面整治共同推进,确保逐项整改到位。该街道办事处向人民群众广泛宣传高空坠物方面的法律知识,通过编制高空坠物法律手册压实业主委员会、业主、物业公司的义务和责任,用法律手册引领各个部门严格规范公正文明执法。

一、高空坠物整治的背景缘由

(一)坚决整治高空坠物隐患,防范"悬在城市上空的痛"

高空坠物对人民群众的生命财产安全构成威胁,被称为"悬在城市上空的痛"。这对人口密度大、游客人数多、台风多发的Y街道来说,潜在的安全隐患更大。Y街道辖区内的建筑物老化比较严重,部分房屋始建

---

① 钱蓓. 走出一条超大城市社会治理新路子[N]. 文汇报,2019-05-26(11).

于30多年前，潮湿等环境因素导致各种建材（其中最为棘手的是每户业主家中的阳台栏杆）损坏严重，已经发生坠落事件。此外，建筑物附属构件和外墙面的附着物的锈蚀、松动也易引发高空坠物。这些隐患增加了高空坠物发生的可能性。例如，2021年3月22日晚，上海市黄浦区西凌新村一栋高层住宅15楼的外墙材料掉落，一名路过女子被砸中不幸身亡。①

为确保人民群众生命财产安全，2021年3月，《上海市住房和城乡建设管理委员会、上海市房屋管理局关于进一步加强房屋高坠隐患排查整改的通知》（沪建应急联〔2021〕169号）发布。黄浦区根据《上海市房屋使用安全管理办法》（上海市人民政府令第39号）、《上海市城镇房屋安全隐患排查整治工作方案》（沪房规范〔2021〕3号）、《上海市城镇房屋安全隐患排查工作技术方案》、《上海市户外招牌设置管理办法》等，结合黄浦区开展安全生产专项整治三年行动的工作要求，加强房屋安全管理、玻璃幕墙、户外招牌和城市高楼"卫星锅"隐患排查力度，落实业主房屋安全主体责任、政府属地监管责任和行业管理责任。

（二）坚持以人民为中心，努力为群众办实事

人民立场是中国共产党的根本政治立场，它从根本上阐明党同人民的关系，深刻回答了"我是谁、为了谁、依靠谁"的时代之问。党和政府在领导人民治国理政的实践过程中，始终坚持人民主体地位，把人民对美好生活的向往作为自己的奋斗目标，把为人民谋幸福作为初心使命。Y街道把体现人民利益、反映人民愿望、维护人民利益、增进人民福祉落实到全面依法行政各领域全过程。

Y街道以精细化促进社会治理现代化，推动"我为群众办实事"落地见效。高空坠物是人民群众的操心事、烦心事，Y街道结合"我为群众

---

① 佚名. 祸从天降！上海一小区外墙脱落，过路女子被砸不幸身亡［N/OL］. 新闻晨报，2021 - 03 - 24 ［2021 - 12 - 02］. https://m.gmw.cn/baijia/2021 - 03/24/1302186729.html.

办实事"实践活动，用心用情用力解决好群众身边的急难愁盼问题，不断增强人民群众获得感、幸福感、安全感。街道全面排查高空坠物情况，细化排查清单，压实主体责任。

（三）坚持全面依法行政，在法治轨道上化解高空坠物难题

"坚持在法治轨道上推进国家治理体系和治理能力现代化"是习近平法治思想的重要组成部分。法治是国家治理体系和治理能力的重要依托。依法行政是各级政府活动的基本准则。执法是行政机关履行政府职能、管理经济社会事务的主要方式。Y街道恪守法定职责必须为、法无授权不可为，健全高空坠物的依法决策机制，完善执法程序，严格执法责任。

Y街道运用法治思维和法治方式推进高空坠物整治工作，编写高空坠物法律手册，引导群众通过法律程序、运用法律手段解决纠纷，推动形成办事依法、遇事找法、解决问题用法、化解矛盾靠法的良好环境。Y街道坚持严格规范公正文明执法，推行人性化执法、柔性执法、阳光执法，不搞粗暴执法。

二、高空坠物整治的基本做法

（一）加强组织领导，构建多元共治格局

Y街道成立专项整治工作领导小组，街道办事处主任为组长，分管副主任为副组长，成员单位包括城市管理办公室、平安办公室、房屋管理办公室、司法所、城管中队、派出所、绿化市容所、市场监管所等部门，承担起排查工作主体责任和整治工作督促指导责任。领导小组履行组织协调、整改实施、监督检查职责，做到整改措施、责任、资金、时限和预案"五落实"，确保整改工作有成效。领导小组督促各单位、各部门落实安全管理责任，对那些解决不及时、治理有难度、涉及面广的问题，协调会商各部门共同治理。成员单位做好与上级行业主管部门的工作对接，明确本部门条线职责分工，房屋管理办公室负责牵头组织房屋安全隐患排查整

治工作，市场监管所负责经营类房屋的营业执照和食品经营许可证复查工作，城管中队负责违法建筑和违规破坏承重构件房屋的整治工作，司法所、派出所强化法治保障工作。

Y街道建立"网格化分块包干"和"三人小组上门"的工作机制。将街道辖区划分为七个责任区，由网格联络员、居委会干部和房屋管理办公室工作人员组成工作小组，对辖区内的商务楼宇、商品房小区和私房开展上门督查工作，下发高空坠物隐患告知书和防范坠物工作实务指导书，对照"一栋一表"填写"房屋外墙墙面及附属构件排查表""空调外机及支架等外墙附着物排查表"，每周两汇报反馈排查进度。每个联络员定点联系两个社区和两个商厦，定期开展检查。联络员根据社区、商厦自查自改的清单，实地察看高空坠物风险点是否整改完毕，反映工作中遇到的难点问题。业委会、居委会、物业相互配合，同向发力。业委会全面排查高空坠物安全隐患，根据"谁的房子谁负责"落实责任人，居委会和物业通过上门督促、电话沟通方式做好居民思想工作。

（二）广泛宣传教育，提高居民安全意识

Y街道和职能部门积极向人民群众宣传高空坠物知识，指导帮助群众防范高空坠物风险。街道制作防范高空坠物宣传海报、手册、易拉宝，设置安全提醒、法律普及、真实案例、呼吁告知等板块，向各社区、各单位分发，告知群众防控高空坠物的目的、意义、重点内容和主体责任。各个职能部门结合自己的工作分工，从不同角度宣传介绍高空坠物防范知识。宣传法律法规条文包括《民法典》第1253条和1254条、《刑法》第291条之二、《物业管理条例》第55条、《上海市房屋使用安全管理办法》第10条和第37条、《上海市住宅物业管理规定》第73条等。

居委会在小区门口、宣传栏、楼道墙壁张贴画报，主要内容包括：一是告知房屋业主或使用人应对专有部位及自行设置的设施负责检查、上报和维修；二是列出房屋业主或使用人、物业公司的检查清单；三是明确高空坠物责任人应当承担的法律责任；四是发挥安全事故的警示教育作用，使人民群众认识到房屋安全的重要性。

Y街道办事处和各职能部门开展高空坠物业务培训。2021年3月21日，房屋管理办公室通过物业沙龙形式向所有物业公司进行高空坠物培训，落实专项整治工作领导小组提出的各项要求。3月31日，城市管理办公室、自治办公室、房屋管理办公室会同街道第三方德同宜居服务中心，召开住宅物业管理服务业务培训会，邀请"精治豫业"专家组讲师宋律师讲解《民法典》对物业管理的影响和要求，并就防范高空坠物的法律条文进行详细阐述。街道辖区内物业企业、业委会共计20余人参加了本次培训活动。随后，房屋管理办公室就物业公司和业委会如何防范、处置高空坠物的风险隐患作了专题培训，通过多个典型案例，对物业公司与全体业主的法律责任作了明确警示。

（三）细化检查清单，全面排查高空坠物隐患

Y街道办事处对辖区范围内的居住建筑、公共建筑和工业建筑等所有房屋进行全面摸底，查清房屋的建设年代、结构类型、建筑面积、建筑高度、建筑层数等基本情况。一是全面排查房屋结构安全、使用安全、地质、周边环境等情况，按照完好房或基本完好房、一般损坏房、疑似严重损坏房、疑似危房四个等级对房屋作出初步判断。二是重点排查安全隐患较大的房屋，包括小梁薄板房屋、改变规划设计用途房屋、未整治完成的违法建筑、周边环境变化较大的房屋等七类。

按照"一栋一表"要求，房屋业主或使用人、物业公司细化检查清单。一是建筑附属构件，如阳台（锈蚀、变形、松动）、外墙门窗（变形、锈蚀、松动）、屋檐（裂缝、脱落、水渍）、空调承台板（变形、裂缝、钢筋外露）、装饰构件（起鼓、裂缝、脱落）。二是外墙墙面，如裂缝、空鼓、脱落、渗水、泛碱。三是外墙墙面附着物，主要是墙面附着物

的锈蚀、松动、滑移，包括空调外机架及遮罩、遮阳棚或雨篷、花槽或花架、防盗窗或阳台封闭、外设晾晒装置、户外招牌、阳台房或平台搭建物、卫星天线、雨落水管线等。

（四）编制法律手册，明确各方安全责任

Y街道邀请上海政法学院法律学院三位专家编制高空坠物法律手册，明确街道办事处、业主委员会、业主、物业公司的行政责任、民事责任、刑事责任。法律专家调研了Y街道某居委会，房屋管理办公室、司法所工作人员及居委会、物业公司、业主委员会负责人参加会议，重点探讨了高空坠物整治工作中遇到的棘手问题及法律瓶颈，实地观看了高空坠物的各种风险点，采访部分居民，进一步了解业主的看法。

Y街道坚持全面依法行政，通过高空坠物法律手册教育辖区群众学法守法用法，明确街道办事处、业主、业主委员会、物业公司的责任，做到严格规范公正文明执法。该手册把实体法、程序法和案例相结合，图文并茂，通俗易懂，具有复制推广的价值。

三、高空坠物整治的主要成效

（一）全面摸清高空坠物底情

Y街道全面摸底排查高空坠物安全隐患。对本辖区范围内的居住建筑、公共建筑和工业建筑等所有房屋进行全面摸底，摸清房屋的建设年代、结构类型、建筑面积、建筑高度、建筑层数等基本情况。一是全面排查房屋结构安全、使用安全、地质、周边环境等情况。依据《上海市城镇房屋安全隐患排查工作技术方案》中的房屋完损状况判断标准，对房屋按照完好房或基本完好房、一般损坏房、疑似严重损坏房、疑似危房四个等级作出判断。二是重点排查安全隐患较大的房屋。主要包括七类：小梁薄板房屋；改变规划设计用途、拆改承重构件的房屋；未整治完成的违法建筑；周边环境变化较大的房屋；在房屋安全方面存在"四有"现象（有多次报修、有查抢险记录、有投诉或反映、有明显隐患）的房屋；建成20年以上的高层住宅建筑；外墙面采用面砖、马赛克、外挂石材等易脱落材料，或有其他墙面附着物或附属构件的高层建筑。三是通过自身排摸和第三方力量检测，街道完成对所有房屋、玻璃幕墙、户外招牌和城市高楼"卫星锅"排查和强制检测工作，按照"一店一档、一牌一档、一户一档、一楼一档"要求，完成数据库档案。

（二）重点整治高空坠物隐患

（1）重点整治疑似严重损害房屋和疑似危房。一是委托有资质的专业机构对这些房屋进行安全性评估或鉴定。房屋评估或鉴定主要依据《房屋完损等级评定标准（试行）》（城住字〔1984〕第678号）、《危险房屋鉴定标准》（JGJ 125—2016）、《房屋质量检测规程》（DG/TJ 08—79—2008）以及其他国家和地方标准，并根据评估或鉴定结果提出明确的整治措施。二是落实风险房屋的整治责任人。按照"谁的房子谁负责、谁使用谁负责、谁造成的原因谁负责"的原则，依据《上海市房屋使用安全管理办法》等规定，明确相关责任人，要求确有安全隐患的房屋必须整治。三是编制隐患处置"一房一方案"。相关责任人要制定整治方案，明确隐患处置的具体方式和处置时限，并报街道备案。四是建立风险房屋的销项制度。街道督促责任单位和责任人限期整改，实行销项管理，完成一项、销号一项。在重点整治的同时，街道也对排查中发现的一般损坏房屋逐步开展全面整治。在重点排查的同时，按照市级统一部署和技术要求，对所有房屋完成排查。

（2）制定应急预案。Y街道对发生过高空坠物的房屋以及前期排查或市民反映的高空坠物隐患房屋，建立"一楼一档"，及时采取整改措施，排除房屋安全隐患。一时不能处理的，也采取了设立围栏、警戒线，搭设防护网或防护棚等措施控制险情，同步制定整改方案，明确处置的方法和时间节点。2021年7月，Y街道在辖区内某小区召开高空坠物隐患处置应急协调会，黄浦区应急管理局、黄浦区住房保障和房屋管理局派员指导，Y街道社区管理办公室、司法所、城运中心、城建中心负责同志参加会议。会议明确，对已经修缮的业主房屋，要聘请专业人员进行检测；对准备修缮的业主，要继续跟进；对愿意修缮的业主，要做好指导工作；对不愿意修缮的业主，要在告知宣传的基础上，发放律师函，通过明确法律责任进一步督促业主履行修缮义务。会议还决定聘请专业力量，在小区人行步道、楼栋出入口、地面停车区域等易发生高空坠物事故的区域搭建防护棚，作为临时性防护措施。

（三）压紧压实主体治理责任

高空坠物事件严重危害了公共安全，引起最高人民法院、最高人民检察院等司法行政机关的高度重视。2019年12月，最高人民法院发布《最高人民法院关于依法妥善审理高空抛物、坠物案件的意见》（法发〔2019〕25号），统一高空坠物案件的裁判思路，最大限度保障相关权利主体在类似案件中的利益。2020年12月公布的《刑法修正案（十一）》，在《刑法》第291条之一后增加一条，作为第291条之二："从建筑物或者其他高空抛掷物品，情节严重的，处一年以下有期徒刑、拘役或者管制，并处或者单处罚金。"将部分情节性质严重的高空坠物案件直接规定为犯罪，对高空坠物类案件的刑事法律后果加以明确。

Y街道办事处依据法律手册压实各方治理主体的义务和责任。一是Y街道办事处心系人民安危，把社区安全稳定和谐作为大事来抓，主动作为，自觉履行自己的行政义务，协调各方制定了高空坠物风险应急预案。根据法律规定，街道办事处作为行政机关，对辖区内高空坠物不需要承担民事责任，也不需要承担刑事责任。二是明确了业主委员会的法律责任。小区建筑物共有部分坠落造成他人损害的，业主委员会不能证明自己没有过错时，应当承担侵权责任，损害赔偿后果由全体业主共同承担。当然，业主委员会无须承担行政赔偿责任和刑事责任。三是压实业主的法律责任。业主作为建筑物专有部分的所有权人，对专有部分物件坠落造成损害时，应当承担相应的民事侵权责任。若高空坠物造成行人重伤、死亡或使公私财产受损的后果，业主可能触犯"过失以危险方法危害公共安全罪""过失致人死亡罪""过失致人重伤罪"。四是物业公司的法律责任。以危险方法危害公共安全罪的犯罪主体不包括单位，因此物业公司不构成本罪。物业公司通常也不会承担行政责任，但可能对建筑物共有部分物件坠落致人损害，因怠于履行安全保障义务而构成违约或侵权，从而承担相应的违约（对全体业主）或侵权（对受害人）责任。

（四）多元化解高空坠物矛盾纠纷

2021年2月19日，中央全面深化改革委员会第十八次会议审议通过的《关于加强诉源治理推动矛盾纠纷源头化解的意见》，旨在完善预防性法律制度及从源头上减少诉讼增量。同时，会议强调，要坚持和发展新时代"枫桥经验"，把非诉讼纠纷解决机制挺在前面。《上海市促进多元化解矛盾纠纷条例》第5条规定，多元化解矛盾纠纷工作应当以非诉讼纠纷解决机制为先，加强矛盾纠纷源头预防和诉源治理。人民调解是我国法律所确认的一种诉讼外的调解形式，被许多国家誉为"东方经验""东方之花"，它能够缓解社会矛盾，促进社会安定团结。

Y街道发挥人民调解制度优势，积极化解高空坠物引发的矛盾纠纷。2021年7月，台风"烟花"吹落某小区17号楼孙某家的阳台栏杆，砸到张某停放在楼下的汽车，双方对赔偿数额不能达成一致。孙某起初以不可抗力为借口，拒绝赔偿张某的损失。调解员立即连线律师作出权威解释，并指出小区早已发放告知书，孙某应当承担全部法律责任。接着，调解员向双方讲述邻里情，使双方各自作出让步，最后达成调解协议。Y街道执法既有力度又有温度，对那些拒不配合规范设置、整改的业主，按执法流程移交行政部门，发现一起、查处一起；而对那些涉及邻里间的高空坠物纠纷，则以人民调解为主。

（五）建立政府专项维修基金

高空坠物治理的最大难题是建筑物专有部分的维修经费问题。理论上有三条解决路径：

一是业主自己承担维修经费，这是有法律依据的。业主作为建筑物专有部分的所有权人，对其所有的建筑物部分享有完整的权利，应当承担维修责任。但在现实中，许多业主也认可房屋安全评估性报告，但就是不愿意花钱维修高空隐患物件，成为高空坠物治理工作中的最大难题。这需要居委会工作人员和人民调解员去做好业主的思想工作。

二是使用住宅专项维修资金。小区建筑物共用部位维修可以使用住宅专项维修资金，《住宅专项维修资金管理办法》第18条规定："住宅专项维修资金应当专项用于住宅共用部位、共用设施设备保修期满后的维修和更新、改造，不得挪作他用。"该办法第3条规定："住宅共用部位，是指根据法律、法规和房屋买卖合同，由单幢住宅内业主或者单幢住宅内业主及与之结构相连的非住宅业主共有的部位，一般包括：住宅的基础、承重墙体、柱、梁、楼板、屋顶以及户外的墙面、门厅、楼梯间、走廊通道等。"显然，业主的专有部分不属于共用部分，不能使用住宅专项维修资金，这方面有所突破难度较大。

三是政府提供高空坠物专项维修基金。在业主拒绝承担专有部分维修经费的情况下，政府提供一定比例的专项维修基金是可行的。使用政府专项维修基金要以第三方安全评估报告为依据，同时在业主承担大部分维修经费情况下使用。因此，笔者建议高空坠物维修经费应主要由业主承担，辅以政府专项维修基金。

第二节　城市社区协商治理*

党的十九大报告从制度建设角度提出"打造共建共治共享的社会治理格局",这一重要论断为新时代加强和创新社会治理指明了方向。实现"共建共治共享"的关键是"共商",有事好商量,众人的事情由众人商量,不能蛮干和独断,这是人民民主的真谛。2015年,中共中央办公厅、国务院办公厅印发了《关于加强城乡社区协商的意见》,目标是2020年基本形成协商主体广泛、内容丰富、形式多样、程序科学、制度健全、成效显著的城乡社区协商新局面。

全国各地积极探索社区协商治理模式,如上海市嘉定区形成了具有社区特色、自成体系的社区协商式自治模式,北京市通州区新华街道依托"社区双协会"创建协商治理、协商服务的"双协商"模式,此外还有"浙江省温岭模式""河北省青县模式""重庆市麻柳模式""河南省中牟模式""河南省邓州模式""广东省蕉岭模式"等。王岩、王浦劬等学者探讨了协商治理的中国逻辑、基本特点、价值诉求等,既有国外协商治理理论的借鉴,也有中国话语体系的建设和创新,但他们使用的"协商治理"概念与"协商民主"难以区分。

一、社区协商治理的时代背景

(一) 总体性社会向个体化社会转变

孙立平等人指出,新中国成立后建立起来的是一个总体性社会,也有学者称之为"总体性支配",即一种结构分化程度很低的社会。在这种社

---

* 本节与徐大慰共同撰写,系横向课题成果。

会中，国家几乎垄断了所有重要资源，不仅包括物质财富，还包括信息资源、人们生存和发展的机会。国家通过政治动员、意识形态、组织制度和干部队伍，对经济社会实行全面渗透和控制。① 总体性社会是通过单位制度、户籍制度、身份制度实现的，国家动员能力很强，可以畅通无阻地把信息传给人民群众，但广大群众无法自下而上地反馈信息。国家控制着社会秩序，社会生活呈现行政化、政治化态势。总体性社会坚持集体主义价值观，主张个人从属于社会，个人利益服从集体、民族和国家的利益，强调集体利益的道德权威性。20世纪80年代以来，国家开始以经济建设为中心，培育市场机制，推进政企分开，支持民营经济和社区组织发展，赋予经济社会组织一定的自主权，这导致总体性社会崩溃和个体化兴起。

个体化在当代中国社会的兴起。个体化是指个人作为社会关系体系中的一个基本单元，作为社会行动过程中的一个实体单位，他的独立性、独特性、主体性日益得到显示和表达的过程。个体化强调"为自己而活"，倾向于把个人目标置于集体目标之上，但不等同于"自私自利"，个体要承担完成任务的责任，并对其行为后果负责。从20世纪90年代末期开始，中国社会的个体化在崛起，主要表现为个体欲望的合法化和个人情感的重要性在增加。②

随着中国个体化社会兴起和民主法制进程，公民权利意识越来越强烈。与社区治理相关的公民权利有选举权和被选举权、言论自由权、游行示威权、人身自由权、住宅不受侵犯权、人格尊严权、财产权、劳动休息权、退休人员生活保障权、获得物质帮助权、申诉控告权等，这些权利都是为宪法和法律所保障的，一旦发生社区冲突和侵权事件，居民就可以拿

---

① 孙立平，王汉生，王思斌，等．改革以来中国社会结构的变迁［J］．中国社会科学，1994（2）：47-62；中国战略与管理研究会社会结构转型课题组．中国社会结构转型的中近期趋势与隐患［J］．战略与管理，1998（5）：1-17.

② 阎云翔．私人生活的变革：一个中国村庄里的爱情、家庭与亲密关系：1949—1999［M］．龚小夏，译．上海：上海书店出版社，2006：163.

起法律武器捍卫自己的合法权益。社区协商治理实现了实质民主与程序民主的有机结合和辩证统一。在实质民主方面，它通过公民意见表达和沟通协调，实现民主本质要求的普遍性、广泛性和真实性，达成参与者的政治权利与社会经济权利的有机结合。在程序民主方面，它强调协商对话的参与者和利益相关者的平等自主权利，权利义务的对称和对等，主张和发展协商治理的制度化、规范化、程序化、法治化。

(二) 单位制向街居制、社区制转变

新中国成立后，国家通过单位制管理职工、街居制管理社会闲散人员，在城市基层社会建立了以"单位制"为主、"街居制"为辅的管理体制。单位制以单一性、封闭性和行政性为特征，具有政治动员、社会控制和经济发展三者合一的功能，它是与计划经济体制相适应的一种组织形式。[①] 改革开放后，我国单一的公有制经济出现了变化，实现形式多样化；建立了社会主义市场经济体制，大力发展商品经济；农村人口涌入城市，社会流动频繁，"单位制"失去了生存条件。

随着"单位制"消失，街居制由辅助作用变为主要作用，工作任务日益繁重起来。街道工作对象扩展到辖区内的所有居民和单位，居委会工作范围也扩大到宣传国家政策法规、维护居民合法权益、调解邻里纠纷、处理公共事务等方方面面。各企事业单位把自己过去承担的政治社会职能剥离出来，交给了街居组织。除此之外，街居组织还承担了外来人口管理、市场管理、民政福利、市容市貌等新的管理内容，其职能已大大超载。但事权和行政权又不匹配，市、区两级政府将大量烦琐的事务性工作"漏"到街道，却没有赋予街道相应的法定地位和权力，街道只能受制于上级政府部门的委托或充当行政职能"传递者"的角色，出现"看得见，摸得着，管不了"的尴尬局面。同样，街道控制着居委会的办公经费、活

---

① 何海兵. 我国城市基层社会管理体制的变迁：从单位制、街居制到社区制 [J]. 管理世界，2003 (6)：52-62.

动经费、人员津贴等，掌握着居委会的经济命脉。街道和居委会的关系变成了"上下级"关系，名为"指导"，实为"命令"。相较于街道，居委会工作更是不堪重负。"上边千条线，下面一根针"，上级党政部门的各项工作大多都要落实到居委会。居委会除自己的日常管理工作以外，还要完成名目繁多的上级交办的任务，疲于应付。现实中，街居组织变成了政府的"脚"，被动地执行市区政府下派的任务。这样一来，居委会群众性自治组织的地位实际上被虚化。

与街居制相伴而生的是社区制的兴起。社区制以服务全体居民为核心，加强社区建设与发展，努力把社区建成治安良好、人际关系和谐、生活便利、环境优美的宜居生态区。社区制强调居民的积极参与，在制定社区发展规划、实施社区建设项目、处理社区事务等方面，要求广大居民参与和谋划，自己管理自己的事情。社区治理主体除政府以外，还包括社区自治组织、专业化的社会工作机构等，把政府"管不了也管不好"的社区事务交由多元主体共同治理。

社区居民自治是建立社区制的保障。社区居民自治是社区居民在社区内实行民主选举、民主决策、民主管理、民主监督；实现社区居民自我管理、自我教育、自我服务；按照社区居民"大家的事情大家办"的原则，通过社会主义协商民主的方式，共同解决社区内公益事业和公共事务方面的问题，创造美好生活和幸福家园。社区居民自治的依据是《宪法》《城市居民委员会组织法》《村民委员会组织法》等法律法规规章以及其他规范性文件。如《城市居民委员会组织法》第2条规定：居民委员会是居民自我管理、自我教育、自我服务的基层群众性自治组织。《上海市居民委员会工作条例》鼓励居民委员会根据本居民区实际和居民需求，创新服务形式，拓展自治内容，不断提高居民自治能力和水平。社区协商治理是居民社区自治的重要体现形式，通过征集民意、集体抉择、冲突协调和自我服务，落实社区自治功能，维护居民的自治权益。

（三）新时代社会治理的应然要求

党的十九大报告提出了"打造共建共治共享的社会治理格局"的思路和要求，这为新时代社会治理机制创新和制度建设指明了方向。打造新时代社会治理格局是一个系统工程，需要从多方面、多角度采取措施，综合施策，形成合力，方能取得事半功倍的效果。重要的是，引领和推动多元主体参与社会治理，政府可以通过购买服务的方式和健全激励补偿机制，鼓励和引导社会组织、企事业单位、人民群众参与社会治理。加强社会组织的培育和引导，使其明确权责、规范自律、依法自治、发挥作用。保障人民群众在社会治理事务中依法实现自我管理、服务、教育和监督，确保社会治理过程中人民参与、成效人民评判、成果人民共享。完善矛盾纠纷的多元化解机制，把行政调解、司法调解、人民调解衔接联动起来。加强社会心理服务体系建设，注重人文关怀和心理疏导，综合运用教育、心理等手段，培育理性平和、自尊自信、积极向上的社会心态。这些举措都需要发扬社会主义协商民主，建立新时代社会治理的协商模式。

社会主义协商民主是新时代社会治理的题中之义，两者都强调多元主体的广泛参与和集思广益。社会主义协商民主具有达成广泛共识的优势。协商主体涵盖各党派、各民族、各阶层、各国家机关、各社会团体、各行业、各领域，有利于凝聚社会各界人士的智慧和力量。协商内容既涉及政治经济社会重大问题，也涉及人民群众的切身利益问题，有利于促进决策的科学化、民主化和法治化。协商渠道和路径有政党协商、人大协商、政府协商、政协协商、人民团体协商、社会组织协商和基层协商，如果基层协商民主能够做到集中民智、广开言路、广纳群言、形成合力，必然能够充分反映各方面情况，表达各方面诉求，集中各方面意见，提出各方面建议。"社会治理"相比于"社会管理"，更突出地强调鼓励和支持各方面的参与,强调更好地发挥社会力量的作用,而不是政府的管控。①

二、社区协商治理的基本内涵

(一)共商:协商民主达成社区共识

共商需要多元主体通过协商达成一致"同意",真正的"同意"必须建立在"共识"的基础上。哈贝马斯(Habermas)指出:"我把一种认同称为共识,指的是由它建构起同意,由此在各个主体之间才终于赞同可以进行批判的那些有效性要求。'同意'意味着参与的有关各方都接受有效的,即在这主体之间都发生约束力的那种知识。"② 相互协商达成同意的关键是各成员之间的相互理解,这种协商不可能建立在"影响"上,而只能基于社会成员之间真正的"同意"。因为唯有真正合理的协商,才是稳定、非暂时性、非表面和非强制性的协商。

社会主义协商民主是在中国共产党领导下,人民内部各方面围绕改革发展稳定重大问题和涉及群众切身利益的实际问题,在决策之前和决策实施之中开展广泛协商,努力达成共识的重要民主形式。③ 按照协商于民、协商为民的要求,基层协商是指乡镇、街道和行政村、社区围绕城乡社会治理、基层公共事务、社会公益事业、涉及群众切身利益的实际问题,以及企事业单位围绕民主管理进行协商的民主形式。④ 在社区决策和实施过程中,社区居委会要充分听取各方意见寻求最大公约数,以协商和对话的形式达成共识或者协调分歧。建立社区协商事项清单制度,将物业管理服务、环境卫生整治、亮化绿化工程、廉租住房申请、社会救助救济、征地拆迁安置等纳入社区协商目录,围绕涉及社区居民切身利益的公共事务、

---

① 王春燕. 社会治理与社会管理有三大区别 [N]. 中国社会科学报, 2014 - 03 - 21 (1).
② 高宣扬. 当代社会理论 [M]. 北京:中国人民大学出版社, 2005:1029.
③ 中共中央印发《关于加强社会主义协商民主建设的意见》[EB/OL]. (2015 - 02 - 09) [2020 - 03 - 15]. http://www.gov.cn/xinwen/2015 - 02/09/content_2816784.htm.
④ 孟祥锋. 发挥社会主义协商民主重要作用 [N]. 人民日报, 2017 - 12 - 22 (7).

公益事业确定协商议题，通过社区协商维护群众利益，提高居民参与积极性。

（二）共建：多元主体参与社区建设

共建就是要形成党委领导、政府主导、社区居委会组织、社会组织协同、社区成员广泛参与的社区治理格局，实现政府治理和社会自我调节、居民自治良性互动。全面落实各级党委、政府在社区建设中的主体责任，把加强和创新社区建设工作纳入街道党政领导班子和领导干部政绩考核指标体系。推动社会力量参与社区建设，努力形成社区建设人人参与、人人尽责的良好局面。通过政府购买服务、开放公共服务市场等措施，鼓励社会组织、企事业单位、人民群众参与社区建设。大力培育和发展社区社会组织，为社区提供专业化社区服务。驻区单位将文化、教育、卫生、体育等活动设施向社区居民开放，推动共驻共建、资源共享。培养居民参与社区事务的热情，引导和动员广大居民有序参与社区建设。

（三）共治：协商治理化解社区矛盾

社区协商治理就是要改变从前行政命令式、家长式的做法，确保多元主体的平等性和互动性。当代中国语境下，协商治理的突出问题是领导治理权威的流失，甚至面临"治理失败"的风险，[1] 因而有些政府部门不敢推进协商治理。习近平总书记指出，如果群众观点丢掉了，群众立场站歪了，群众路线走偏了，群众眼里就没有你，真的到了那一天，就会危及党的执政基础和执政地位。[2] 在熟人社区中，尤其那些从单位制转化成的社区，要充分发挥社区能人（精英）的自治作用。这些社区能人扮演着带头人或主持人的角色，在很大程度上影响一般居民的态度和行为。当社区矛盾发生时，这些社区能人出于自己的社会威望和公心，很容易动员普通

---

[1] 王岩，魏崇辉. 协商治理的中国逻辑 [J]. 中国社会科学，2016 (7): 26-45.
[2] 中央文献研究室. 培养造就一支高素质县委书记队伍 把协调推进"四个全面"战略布局落到实处：学习习近平《做焦裕禄式的县委书记》[N]. 人民日报，2015-08-28 (6).

群众参加集体抗争。费孝通认为,中国人的关系结构是由差序格局形成的"社会圈子",这使中国社会的公共性供给在相当程度上依赖并取决于处在差序格局中心的某个个体或某一批个体的道德性。[1] 在化解社区矛盾时,社区能人可以带动小能人,小能人又动员自己的人脉网,大事化小,小事化了。

(四) 共享:发展成果惠及社区居民

增进民生福祉是社区建设和社区服务的根本目的,要让社区发展成果惠及全体居民。这坚持了以人民为中心的发展思想,既要做大蛋糕也要分好蛋糕,使人民群众的幸福感、获得感更有保障、更加充实。社区建设规划不能挂在墙上,社区服务也不能只停留在口头上,要回应民生关切、突出问题导向,急群众之所急、解群众之所困,多做暖人心、得人心的实事。保障和改善民生要抓住人民最关心、最直接、最现实的利益问题,多谋民生之利、多解民生之忧,在学有所教、幼有所育、老有所养、弱有所扶、劳有所得、住有所居、病有所医上不断取得新进展。新时代"我国社会主要矛盾已经转化为人民日益增长的美好生活需要和不平衡不充分的发展之间的矛盾",[2] 人民对美好生活的需要日益多样化、多层次、多方面,不仅对物质生活提出更高要求,而且在民主、法治、公平、正义、安全、环境等方面要求日益增长,保障和改善民生要正确把握和顺应我国社会主要矛盾变化所产生的现实需要。

三、社区协商治理的价值取向

(一) 以人民为中心,维护居民权益

《宪法》规定:"中华人民共和国的一切权力属于人民。"中国共产党

---

[1] 张江华. 卡里斯玛、公共性与中国社会 有关"差序格局"的再思考 [J]. 社会,2010,30 (5):1-24.

[2] 习近平. 决胜全面建成小康社会 夺取新时代中国特色社会主义伟大胜利 [N]. 人民日报, 2017-10-19 (1).

人的初心和使命，就是为中国人民谋幸福，把全心全意为人民服务作为根本宗旨，权为民所用、情为民所系、利为民所谋。坚持人民利益高于一切，实现好、维护好、发展好最广大人民的根本利益，这是一切工作的出发点和落脚点。在党的十九大报告中，习近平总书记强调，必须坚持人民主体地位，坚持立党为公、执政为民，践行全心全意为人民服务的根本宗旨，把党的群众路线贯彻到治国理政的全部活动之中，把人民对美好生活的向往作为奋斗目标，依靠人民创造历史伟业。

社区协商治理坚持以人为本，把居民权益放在心中最高位置，全心全意为社区居民服务。把维护居民的根本利益作为社区发展的根本目标，解决好居民最关心、最直接、最现实的问题，实现发展成果由居民共享。把"人民群众满意不满意、高兴不高兴、答应不答应"作为衡量社区工作好坏的唯一标准。社区干部要倾听居民呼声、回应居民期待，社区惠民举措持续出台、民生改革不断深化，居民的获得感、幸福感不断增强，极大地凝聚人心、提振信心。

（二）人民当家作主，提高社区自治

人民当家作主是社会主义民主政治的本质和核心。党的十九大报告指出，发展社会主义民主政治就是要体现人民意志、保障人民权益、激发人民创造活力，用制度体系保证人民当家作主。人民通过选举、投票行使权利和人民内部各方面在重大决策之前进行充分协商，尽可能就共同性问题取得一致意见，是中国社会主义民主的两种重要形式。这两种民主形式不是相互替代、相互否定的，而是相互补充、相得益彰的，共同构成了中国社会主义民主政治的制度特点和优势。[1] 习近平总书记指出："保证和支持人民当家作主不是一句口号、不是一句空话，必须落实到国家政治生活

---

[1] 习近平. 在庆祝中国人民政治协商会议成立65周年大会上的讲话[EB/OL]. (2014-09-21) [2020-01-02]. http://www.gov.cn/xinwen/2014-09/21/content_2753772.htm.

和社会生活之中。"① 具体到社区，就是社区居民有自治权，包括财产自治、财务自治、人事自治、管理自治、教育自治、服务自治等，体现为"四个民主"（民主选举、民主决策、民主管理、民主监督）和"四个自我"（自我管理、自我教育、自我服务、自我监督）。

社区居委会要最广泛地动员和组织社区居民管理社区事务，促进社区居民自治。居民会议可以决定以下事项：制定居民自治章程和居民公约；审议居民委员会年度工作计划和报告；评议居民委员会及其成员的工作；涉及全体居民利益的其他重要事项。居委会、业委会、物业公司各司其职、相互合作。居委会是代表住宅小区内所有居住者的主体，或者说是住宅小区公共利益的代表者，业委会是业主利益的代表者，物业公司代表着住宅小区日常管理与运行维护人员的利益。对住宅小区的日常事务，居委会、业委会、物业公司三者的分工为：居委会负责监督和指导，业委会负责决策，物业公司负责具体落实与执行。

（三）包容贵和，促进社区和谐

社会主义和谐社会是指民主法治、公平正义、诚信友爱、充满活力、安定有序、人与自然和谐相处的社会。和谐社区的概念来源于和谐社会，就是把社区建成为管理有序、服务完善、环境优美、治安良好、生活便利、人际关系和谐的社会生活共同体。习近平总书记重视平安中国建设，要求不断完善中国特色社会主义社会治理体系，确保人民安居乐业、社会安定有序、国家长治久安。社区是社会的细胞，建设和谐社会和平安中国的基础是社区和谐以及包容贵和的社区精神。

"包容贵和"体现了中华民族"礼之用，和为贵""和则相生"的传统伦理精神，体现为包纳兼容的品格，以及追求和谐、注重合作、提倡谦

---

① 中共中央宣传部．习近平总书记系列重要讲话读本：2016 年版 [M]．北京：学习出版社，人民出版社，2016：170．

和、宽怀大度的精神。[①] 包容就是要关怀和尊重每个人，留意个体间的差异、文化多元性和种族多样性，充分考虑人们在性别、年龄、职业、社会地位、政治信仰、宗教以及精神或生理状况等方面存在的价值差异，尤其关注那些弱势群体的需要。包容就是要具体问题具体分析，面对社区冲突时，秉持宽容的心态，允许不同声音的存在，尊重参与者的权利。坚持有事多协商、遇事多协商、做事多协商，承认多元分歧，鼓励广泛参与和对话。只有这样，才能消解社区矛盾产生的隔阂及其思想根源，增强居民的归属感和向心力，促进社区和谐。

（四）多元协商，寻求最大公约数

没有多元主体的平等参与和坦诚对话，社区协商治理就会沦为强势利益群体谋取私利的手段和工具。社区多元协商主体包括居民区党组织、居委会、居民代表、驻区单位代表、社区社会组织代表、街道办事处委派人员和其他相关利益方。还可培育一些新的协商主体，如退休老干部、老党员、人大代表、政协委员、党代表、基层群团组织负责人、外来务工经商人员、流动人口等。尤其要重视弱势群体的意见表达，维护好妇女、儿童、老人、贫困者、外来人口的权益，使强势群体得到规约、弱势群体得到保护。

在城市社区存在着在职干部不屑参与、中青年没时间参与、流动人口不愿意参与、老年人不会参与等现象，参与主体不广泛、代表性不足，导致自治活动难以开展、协商结果难以认同的情况。要改变这种局面，需要坚持社区党组织在基层社区工作中的核心地位，发挥党组织的引领、统筹、协调的作用，引领社区居民自治、统筹调配社区资源、化解重大矛盾纠纷、协调多元利益关系。针对居委会虚化、边缘化的问题，为居委会搭台、还权、赋能，大力培育和提升居委会自治能力。完

[①] 王岩. 协商治理的价值诉求 [N]. 光明日报，2015-06-13 (7).

善居委会内部治理结构，按需设立若干专业委员会，使社区治理走向精细化、专业化。

四、"三协换一谐"：化解住宅区配套公共建筑纠纷

（一）配套公建纠纷

配套公建（住宅区配套公共建筑）是指开发商按照国家和地方的相关规定，在住宅区土地范围内配套修建的各种公用建筑，一般包括社区服务、商业服务、行政管理、市政公用、医疗卫生、文化教育、体育、金融邮电等公共建筑。随着配套公建的修建，其产权归属问题也随之产生。由于此问题关系到开发商与全体业主双方的重大利益，现行有关规定又非常零散、模糊，导致适用法律疑难，开发商与业主往往各执一词，争议由此产生。

来看一则案例，G小区争议的配套公建是C居委会所在的大楼，共四层。据陆某等业委会成员反映：根据小区原始规划图，公建配套楼1～3层是商场，4层才是居委会和活动室。现在居委会的办公室设在1层，比规划面积大了许多，与原规划不符，有擅自更改规划的嫌疑。业委会7名委员要求停止施工，他们表示，1997年市公安局后勤保障部向购房民警筹资兴建了G小区，当时每户业主房款中每平方米分摊了600.42元的小区配套设施（含配套楼）的建造费用。1997年10月27日，市公安局后勤保障部与徐汇区城市规划管理局（原徐汇区规划土地管理局）签订了一份协议，同意公建配套楼建成后交徐汇区城市规划管理局按规划用途安排使用。根据协议，公建配套楼除1层西面一间电话设备房和4层南面两间为物业用房归小区外，其余归徐汇区规划局使用，但当时移交的只是使用权而非产权。[①]

---

① 程贤淑. 业主质疑居委会擅改规划［N］. 新闻晚报，2013-12-10.

依据法律规定，如果商品房买卖合同约定某些配套公建被列入公用建筑面积分摊范围，则其产权归全体业主。按照陆某等人的说法，G小区每户业主分摊了配套楼的建造费用，就应该拥有该栋楼的产权。根据《物业管理条例》第49条规定，未依法办理有关手续并提请业主大会讨论同意，不得改变配套公建的用途。本案中，配套公建楼1层原来规划为商业用房。某私人企业2001年购买小区居住用使用权房一套、产权房两套，将物业公司、居委会以及居民活动室从配套楼里置换出来。2005年，该企业非法办理了公建配套房的产权。2007年至2009年4月初，小区业委会因这套公建配套房与该企业打了两年多官司，最终以违法产权证被注销而告终。

（二）以协商民主、协商治理、协商服务推动社区和谐

其一，取信于民，良好的开端是成功的一半。例如，C居委会重视社情民意的收集，加强居委会对社区成员的定期走访，听取不同利益方的意见和建议。居委会苏书记从上任第一天起就开始挨家挨户拜访居民，找居委会干部、总支委员和老业委会成员谈心，了解小区存在的问题和民情，进一步谋划居民心里的疙瘩怎么化、不合理的问题怎么解、违规的事情怎么办，三个月里她风雨无阻走访了300余户党员家庭，与个别小区精英线上线下沟通达400小时以上。在苏书记的带领下，居委会工作人员包户到人，敲开每家房门，打开居民的心扉。她们总结出"八谈"方法：单独谈、上门谈、集中谈、三两谈、白天谈、晚上谈、微信谈、电话谈，把沟通谈心当作开启居民心门的钥匙。

C居委会还通过开展一些社区活动，让居民看到新一届居委会想干事、能干事，值得信任。2018年7月，苏书记为社区党员讲党课，并成功开展"我是一个老兵"活动、"和谐邻里情"纳凉晚会。8月，组织小朋友暑期外出参观，开展"跳蚤市场"和"尊师长敬长辈"活动。9月，开展"歌声嘹亮"红歌会，为34位老人举行"最美夕阳红"敬老活动。

10月，征询电梯改造工程，组织党员、楼组长外出参观学习，带领居民区歌咏队获得唱功奖。11月，完成区人大换届选举工作，与上海市妇联结对并开展活动，举办"健康从生活开始"小区运动会。通过一系列活动，老人笑了，群众满意了，对居委会工作认可了。

其二，协商民主，无规矩不成方圆。为了有效化解矛盾，避免争吵，居委会制定了会议步骤和发言规则。整个会议包括五个步骤：居委会工作人员介绍主要问题；代表表达自己的看法；参会人员充分讨论和协商对话；主持人归纳各方代表意见，形成初步共识；各小组阐述自己主张，会议表决。对协商过程制定了发言规则：每位代表要充分尊重他人的意见表达权，不得随意打断别人的讲话；不得恶意揣测和人身攻击；不是谁的声音大谁的意见就正确，要以理服人；一个代表不得多次发言，大家机会均等。

其三，协商服务，化解配套公建的产权难题。2009年，C居委会使用的公建配套楼被判给徐汇区机关事务管理局，交给徐汇区城市规划管理局使用。为了化解矛盾，上级政府把这栋楼无偿交给G小区使用，实现了产权和使用权的分离。现在，除了居委会，老年活动室、社区活动室、妇女之家、未成年人活动室、徐汇区健康咨询点等社区服务机构均在这栋楼里。现在这栋楼里每天欢声笑语，其乐融融，老人早已忘掉那些不愉快的事情。笔者访问了几位老人，他们对现在的格局很认可，也许产权和使用权分离的方法是解决配套公建纠纷的一个良策。

党的十九大报告指出，保障和改善民生要抓住人民最关心最直接最现实的利益问题，既尽力而为，又量力而行，一件事情接着一件事情办，一年接着一年干。协商服务不能只贴在墙上和挂在口头上，而要回应民生关切、突出问题导向，急群众之所急、解群众之所困，多做暖人心、得人心的实事。协商服务能够满足人民日益增长的美好生活需要，形成有效的社会治理，使人民群众的获得感、幸福感、安全感更加充实、更有保障、更可持续。

五、对城市社区协商治理的思考和建议

一是坚持党的领导。党的十八大以来，我国形成了"党委领导、政府负责、社会协同、公众参与、法治保障"的社会治理体制，明确了党委在社会治理中的领导地位。发展社会主义协商民主，也要充分发挥党总揽全局、协调各方的领导核心作用，不能因为搞协商民主就削弱党的领导和权威。

二是居委会去行政化。2015年，民政部和中央组织部联合发布《关于进一步开展社区减负工作的通知》（民发〔2015〕136号），让城市社区居委会"去行政化"再次成为热点话题。我国城市居委会具有"自治性"和"行政性"的双重身份，既是法定群众性自治组织，代表社区居民行使自治权力；又是国家行政管理的代理人，协助执行政府交办的事务。在实际运作中，居委会扮演的角色更多的是国家在基层的行政单元，其社区自治地位很难体现。"去行政化"就是要改变政府与社区之间事实上存在的科层式"命令－服从"关系模式，通过赋权社区，使社区拥有更多民主、协商和监督的权力，重建社区自治体系的权力基础。[①]

三是共治与自治结合。上海市在社区治理中提出社区共治与居民自治的要求，这是对原来的社区地位和管理体制的创新。社区协商治理要求在社区自治基础上，多元主体平等参与，这种平等权利体现在治理方案的商定、治理程序的公正、治理过程的监督、治理效果的评价和治理结果的享有等方面，实现了从"单一行政管理"向"多方协商治理"的转变。

---

① 孙柏瑛. 城市社区居委会"去行政化"何以可能［J］. 南京社会科学，2016（7）：51-58.

第三节　和谐社区文化建设*

本节以 LXM 街道为例,来论述和谐社区文化建设的重要意义、实践探索、理论思考、发展路径。LXM 街道位于上海市黄浦区中部,地处老城厢。LXM 街道人文资源丰富,拥有众多历史文化古迹。老城厢人口成分复杂,二元结构突出,主要表现在居住形态、人口结构、居民层次、服务需求等方面存在巨大差异,呈现出两极化趋势。

一、和谐社区文化建设的重要意义

"人文 LXM,和谐新社区"就是充分利用历史文化资源,促进社区和谐。LXM 社区以居民的全面发展为核心,尽可能地满足居民的需要,提高居民的素质,发挥居民的潜力。LXM 社区建设以满足居民不断增长的物质文化需要为基础,积极开展社区居民生活共同体建设。社区居民是社区生活的主体,他们的积极参与是 LXM 社区发展的内在动力。LXM 社区建设的基本目的就是促进人、社区和环境的可持续协调发展,创造出一个"温馨、美化、便利、安全、祥和"的社会生活环境。

(一) 以科学发展观统领社区建设

社区建设必须坚持以科学发展观为统领。《民政部关于在全国推进城市社区建设的意见》中已明确将"以人为本"作为社区建设的一项基本原则。坚持以人为本是科学发展观的本质和核心,体现了科学发展观的必然要求,反映了构建社会主义和谐社会的根本价值取向,符合全体人民的根本利益,是我们党全心全意为人民服务这一根本宗旨的延续和升华。坚

---

* 本节与徐大慰共同撰写,系横向课题成果。

持以人为本，关键在于要最广泛、最充分、最大限度地尊重人、关心人、依靠人，最终达到人与人、人与自然、人与社会的总体和谐，促进经济社会和人的全面发展。按照"以人为本"这一原则精神，社区建设应以人为中心主题，在充分满足个人的生活需要与个性的全面发展的前提下，兼及其他社会功能的满足。也就是将人民群众的切身利益作为工作的根本出发点和落脚点，将人民群众是否满意作为检验工作成效的标准。

"人文 LXM，和谐新社区"以"关爱人、服务人、教育人、凝聚人"为核心内容。LXM 街道旨在创建一个宜人温馨、管理有序、民主自治、文明祥和、充满温情、能较好满足居民对人居条件的各种需求、有利于人的全面发展的新型人性化社区。就其本质而言，它是要促进人的全面发展，以形成进步、高尚、和谐与积极向上的精神风貌，这包括人的需求的满足、人的素质的提高、人的潜能的开发、人际关系的和谐、人文精神的传承等，其体现的是以人为本的发展理念。在"关爱人"方面，LXM 街道通过建立健全关爱人的有关组织制度、完善优化社区环境，切实有效地开展关爱人的各种活动，使社区成为全体居民的温馨家园。在"服务人"方面，LXM 街道开展各种便民利民活动，满足社区居民多样化需求，为社区居民提供福利性和公益性的服务。在"教育人"方面，LXM 街道开展社会公德、职业道德、家庭美德等形式多样的社区教育活动，提升居民的思想道德素质、法治观念和科学文化素质，塑造社区居民公益精神、奉献精神、互助精神、科学精神。在"凝聚人"方面，LXM 街道建立相应的组织、配备相应的设施、营造良好的环境以及开展一系列"以节载道"的群众娱乐活动，激发居民参与社区建设的热情，增强他们的认同感和归属感。

（二）以社区建设促进社会和谐

和谐社区建设是和谐社会建设的基础工程。首先，从社区与社会的关系来看，社区是社会的基本构成单元，和谐社区建设是和谐社会建设的缩影。其次，从社区的地位作用来看，社区是当今社会建设与管理的基本载体。伴随着社会主义市场经济体制的确立和发展，"单位管理体制"逐渐衰落，社区已成为当今城市社会建设与管理的基本载体和主渠道。城市最低生活保障和医疗救助、廉租房救助、特殊困难未成年人教育救助等社会救助工作，要通过社区实施；企业退休人员正在与原工作单位脱离关系，移交给街道社区治理；下岗失业人群的再就业和社会保障化服务，主要依靠基层社区得以落实；进城农民的教育、管理和服务工作，主要通过社区得以开展；计划生育、社会治安综合治理和市容环境等各项工作，也已经实行或正在实行"属地化管理"，实际上也就是街道社区治理。这些情况表明，构建和谐社会的许多任务和矛盾都落实在基层社区，基层社区已经成为并将进一步成为城市社会治理、服务居民和开展社会工作的平台。这就决定了和谐社区建设对和谐社会建设具有基础意义。

构建社会主义和谐社会的战略举措为 LXM 社区建设指明了方向，提供了动力。LXM 街道从建设和谐社区入手，使社区在提高居民生活水平和质量上发挥服务作用，在密切党和政府同人民群众的关系上发挥桥梁作用，在维护社会稳定、为群众创造安居乐业的良好环境上发挥促进作用，这为和谐社区建设创造了良好的政治氛围。LXM 街道在基层社会建设和管理过程中以服务群众为主题，形成服务网络化新格局。LXM 街道还整合社会治理资源，扩大基层民主，完善基层群众性自治组织，保证基层群众依法行使选举权、知情权、参与权、监督权等民主权利。LXM 街道努力维护和实现社会公平正义，逐步建立社会公平保障体系，不断扩大社会保障的覆盖面，健全社会保险、社会救助、社会福利和慈善事业相衔接的社会保障体系。

（三）以开拓创新精神加快社区建设

"人文 LXM，和谐新社区"的提出，具有重要的理论意义和实践价值。首先，它既是坚持"以人为本"的社区建设指导原则的本质体现，也是对社区建设层次的提升，有利于满足个人和社会全面发展的需要。LXM街道要把社区建成都市人安居乐业的场所和精神栖息的乐园，使居民保持一种发展的平衡与和谐，让社区更契合人的生活和发展需求。其次，它是文明社区建设的深化和提升。最后，它有利于缓解社会转型期中的一系列社会问题。伴随着中国社会的全面转型，大量的社会问题开始出现，社会问题与社会文化、价值等内在因素的变迁联系在一起，传统价值体系和社会规范的瓦解与现代的社会价值体系和社会规范的确立是一个长期的过程，在这一更替的过程中，社区建设需要通过人文精神培养来满足人的内在需求，从而有效缓解社会矛盾。

（四）以社区建设传承中华文化

社区文化作为一种适应时代发展需要的新型文化，既不能先破后立，即完全抛弃传统文化精髓，也不能机械继承传统文化或全盘照搬西方道德文化。加强社区文化建设只能从当代中国现实多元的社会生活中寻找生长点，在继承、借鉴、融合传统文化和现代文化的基础上创造出符合当今中国实际的社区文化体系。在这个开放包容的体系中，既要大力提倡中华民族传统美德，又要积极吸纳近代以来人类社会文化发展的优秀成果。只有这样，社区文化才能与当今中国多元并存、新旧交替的社会形态相适应，既体现时代发展需要，又具有深厚的文化传统；既具有一定的稳定性，又能推动社会的发展和居民素质的提高。

二、和谐社区文化建设的实践探索

党的十七大报告中提出"文化软实力"这一概念并强调："当今时代，文化越来越成为民族凝聚力和创造力的重要源泉、越来越成为综合国力竞争的重要因素"，"要坚持社会主义先进文化前进方向，兴起社会主义文化建设新高潮，激发全民族文化创造活力，提高国家文化软实力"，这说明"提高文化软实力"被提升到了国家战略的高度，为以后的文化建设指明了方向。按照这样的指导思想，LXM街道党工委、办事处以文化建设为引擎，积极探索，大力推进和谐社区建设，取得了丰硕的成果。

（一）风尚引领，培养公民道德

社区道德建设是社会主义精神文明建设的组成部分。社区道德建设坚持"以人为本"，以服务为核心，集体主义为原则，爱国、爱人民、爱劳动、爱科学、爱社会主义为基本要求，引导人们互敬互爱，做一个有社会主义道德的人，有利于形成出入相友、守望相助、疾病相扶的良好社区氛围。当前，社会转型期出现道德评价失范、价值取向紊乱等问题，对社区道德建设提出了新的要求和挑战。加强社区道德建设，并通过其所倡导的积极文化理念规范和影响社区居民的行为模式，抵御社会不良风气对居民道德观念的侵蚀，能有效引导居民形成积极向上的人生态度、健康高尚的精神追求和良好的社会公德意识，从而提高社区居民的道德文化素质。

《新时代公民道德建设实施纲要》颁布以后，LXM社区掀起了学习、宣传、贯彻的热潮。街道编词谱曲创作了社区道德歌，并组织音乐爱好者进行教唱，歌声像插上翅膀一样，飞进了千家万户。通过唱道德歌、做文明人的活动，LXM社区的居民用美好的心灵和勤劳的双手共同营造一个道德规范的文明氛围，整洁祥和的社区环境。

LXM街道在每年的9月都会举办"社区互助日"活动。在每次活动中，居民区和社区单位党组织、机关党员干部和志愿者们都会伸出热情的手、捧出真挚的心，通过"提供便民服务""走访困难家庭""提供精神慰藉""健康、文化进工地"等形式，为社区里需要帮助的个人和家庭献上一份关爱。通过"社区互助日"活动，受助的居民群众深深感受到了党的温暖和社会的和谐。

LXM街道从2003年起，每两年开展一次评选10位"社区道德之星"的活动。至今，共有100多位社区居民和单位职工被评为"社区道德之星"。他们在社会公德、职业道德、家庭美德方面都作出了显著的成绩，被广大居民群众广泛称道，成为社区精神文明和公民道德建设中的"领军人物"。街道收集整理了他们的先进事迹，编撰了《LXM 社区公民道德故事集》。

（二）活动凝聚，传承节日文化

利用节庆日组织群众文化娱乐活动，进行爱国主义的自我教育，是新时期爱国主义表现形式的一个创新。在中华民族五千多年的发展进程中，我们的祖先不仅创造出了博大精深的民族文化，同时也形成了内容丰富、形式多样的传统节日。春节、元宵节、清明节、端午节、七夕节、中秋节、重阳节等节日，是中华民族历史的记忆与情感的寄托。真诚地纪念这些节日并对其加以科学创新与合理运用，对继承和弘扬民族优秀文化，增强民族的自信心和凝聚力，推动和谐社会建设具有深远的意义。

LXM 街道以春联凝聚人心，营造和谐氛围。2004 年，牌楼居委会为了创建文明小区，邀请书法家和居民群众一起写春联、贴春联；2006 年，街道在中华路闹市区开展义卖春联、帮助贫困老人的募捐活动；2008 年春节，在文庙举行了"和谐春联传温暖、文明心语送祝福"活动。LXM 街道逐步给春联这种传统形式注入新时代元素，使它成为 LXM 社区"以节载道"的品牌项目。

LXM 街道以端午节为契机传承民族文化，弘扬中华文明。2008 年的端午节时，汶川大地震的伤痛还萦绕在国人的心头，于是 LXM 街道举行了一场名为"端午节，我们与灾区同胞共享"的爱心奉献活动，现场设立了爱心认购台，由街道红十字会设置募捐箱，居民可自愿认购粽子，所得款项全部捐献给四川受灾同胞。整个活动不仅透出阵阵粽香，更流露出浓浓情意。

LXM 街道国庆升旗活动年年有新意，年年有主题。例如，2005 年的升旗仪式结合党的先进性教育活动，主题是"升国旗、庆国庆、体现党员先进性",把"保持先进性、发扬先进性"与国庆节升旗活动结合起来,让党员们更有责任感,让群众更能感受到党的温暖和祖国的伟大。2006年国庆节结合社会主义荣辱观的宣传,提出了"爱祖国,知荣辱,争做文明上海人"的主题,并发出了"一日三文明"的倡议:在家庭做文明好成员——尊老爱幼、爱护环境、科学生活;在单位做文明好职工——爱岗敬业、诚实守信、乐于奉献;在社会做文明好公民——树立公德、遵章守纪、文明行路,该倡议得到了居民们的积极响应。

(三)舆论引导,创建学习型社区

学习型社区是指将教育与学习贯穿于任何时候、任何领域、任何过程中的社区,是人人学习、时时学习、处处学习的社区。它是以社区终身教育体系和学习化组织为基础,保障和满足社区成员学习基本权利和终身学习需求,提高社区成员素质、生活质量和社区文明程度,促进社区可持续发展的一种新型社区。随着知识和技术更新周期的缩短,经济结构和产业结构不断调整变化,劳动者只有不断学习,才能适应自身职业岗位发展、变换的需求。同时,随着闲暇时间的增多和人类寿命的延长及人们对生活质量的高要求,学习将伴随人的一生,而不局限于青少年时期的学校教育。

LXM街道充分利用、拓展和开发各类教育资源,形成社区教育培训网络。辖区内的各类学校、教育培训机构和各种文化体育设施也都有组织、有计划地向社区开放,积极开展多种形式的社区教育培训活动。街道在整合、利用现有教育资源的基础上,形成以所在区社区教育学院为龙头,以街道社区教育学校为骨干,以居委会社区教育教学点为基础的社区教育网络,满足社区居民多样化的教育需求,构筑起社区居民全民学习、终身学习的平台。

LXM街道大力开展多层次、多内容、多形式的社区教育培训活动,逐步实现有学习能力和学习要求的社区居民"人人皆学"的目标。LXM

社区学校从2001年10月开办至今，办学规模不断扩大。目前，社区学校已建成敬业中学和黄浦学校两个综合教学基地，18个居委会都设立了社区分校，并建立了稳定的由在职教授、教师、离退休老干部、社区志愿者等50余人组成的师资队伍，办学质量有了明显提高。为了提高广大居民群众的科学文化素质，LXM街道还广泛开展弘扬科学精神、普及科学知识的活动。

创建学习型机关是LXM街道党工委加强机关干部队伍建设的一项重要工作。学习型机关创建主要抓三方面工作：一是明确学习内容，主要分为"政治理论学习""文化知识学习""专业业务学习"等三个层面。二是落实学习时间，每月安排一次"月中知识讲座"，进行政治理论、方针政策、法律法规、国内外形势等方面的辅导；每月安排两次中心组学习、两次科室学习，以充足的时间来保证优质的学习。三是丰富学习形式，有"月中讲座""周六修身行动""网上学习平台""读书征文比赛"等，还利用月末工会活动和社区文化活动来展示机关干部的学习成果和个人风采。"读书·学习促进工作"已成为LXM街道全体机关干部的共识。

LXM街道还积极开展群众思想和理论教育活动。LXM街道以社区退休党员为骨干，建立了本区第一支"社区理论导读队"，并完善和健全了居民区读书会、读报小组等群众性理论学习组织，开展理论学习教育。导读队和读书会做了几百场辅导报告。导读队和读书会还针对社会变革时期不同群体的各种利益需求和思想矛盾，着力解决群众的思想实际问题，使社区群众对党的政策、方针和路线增强了信心，用自己的道德力量感染着社区每位居民。

在全球化、国际化的大背景下，学英语也是创建学习型社区的一项重要内容。以"龙门书院"而得名的龙门村小区，依托深厚的文化底蕴和道德内涵，成为"外国朋友做一天上海人"的活动接待点。小区在二十多年前就开设了"英语角"，每到寒暑假，"英语角"不能满足居民时，主办者就将"英语角"升级为"英语班",教师由社区志愿者和上海师范大学外国语学院和上海大学团委、学生会志愿者担任,一批优秀大学生担任老师。龙门村英语角成为学习型社区建设中的典型。

(四)取信于民,改善社区民生

LXM 街道关注民生,把维护和增进社区最广大居民的根本利益作为衡量社区建设工作的最高标准。街道把不断满足社区居民的物质文化需要作为社区建设的出发点和归宿,尤其注重保障弱势群体的基本生活。在为广大居民提供物质生活服务的同时,街道积极提供精神文化服务,促进社区居民的物质生活和精神生活全面协调发展。

LXM 街道在为老服务方面取得了显著成绩。LXM 街道是一个老龄化程度较高的社区,对此,社区(街道)党工委、办事处积极实践,探索为老服务新模式,不断满足社区老年人的新需求,并以老年人服务需求为基础开展课题调研,力求进一步提升社区为老服务工作水平,提高社区老年人的生活质量,全面推动和促进和谐社区建设,打造老年人宜居型社区。主要做好以下几方面工作:第一,在街道层面成立了"LXM 社区为老服务管理委员会",下设办公室,重点做好退休人员的社区治理服务。在部分老龄工作任务重的居委会增设老龄(退管)专职人员。第二,针对老年人的需求,大力推进为老服务实事项目建设。例如,依托街道老年服务中心,建立示范型老年日间照料中心(日托所),面积达 500 平方米。增设社区就餐点,为百名日托中心老人和部分社区独居老人提供免费或低价的午餐和晚餐。还开设了助老洗衣房等。第三,精心打造生活照料服务网、独居紧急援助网、社区医疗保健网,实现"三网联动",为社区老年人提供全方位、多层次的助老服务。街道还定期向社区老年人发放免费电影观摩券,丰富他们的业余生活。

LXM 街道千方百计地解决失业人员的再就业问题。第一,精心打造社区全覆盖的就业服务平台。为了将服务平台下移,做到为就业者贴身服务，LXM街道充分运用"一站"（就业服务站）、"一栏"（就业信息栏）、"一网"（公共招聘网），把多样化的就业服务与个性化的就业援助送到了居民"家门口"。整合社会资源，与几十家企业建立了长期用工合作关系，并从中发展特色就业安置基地，比如"4050人员安置基地""2030人员安置基地"、刑释解教安置基地。全力挖掘新增就业岗位，每年提供岗位千余个，始终保持一定数量的岗位供给。积极开展社区就业情况的地毯式摸排，一旦发现零就业家庭和就业困难对象，做到出现一个、认定一个、安置一个、保障一个，保证100%及时安置就业，近年来已安置近千名此类对象上岗。向居民兑现"安居乐业"的承诺，向区政府兑现"充分就业社区"的承诺。

第二，积极推进应届高校毕业生就业工作。其中的基础工作可以总结为"四个一"：一是"设立一个专窗"。在社区事务受理服务中心职介窗口增设应届高校毕业生就业服务专窗，为前来求职的应届生提供岗位信息及求职引导，并与劳动力资源窗口形成联动，为前来办理劳动手册的应届生提供相关咨询与指导。二是"发放一份告知书"。制作并发放针对应届生就业的政策、服务告知书，让他们了解如何获得职业指导服务、如何参加青年见习，知晓政府补贴培训、创业扶持政策。三是"走访一次应届生家庭"。与就业情况摸排相结合，对社区内应届生家庭进行走访。在掌握应届生毕业去向的同时，了解他们的家庭情况，筛选出其中的零就业家庭及其他需要就业援助的人员情况，为后续的就业服务打好基础。四是"建立一个台账"。为每个零就业家庭应届生建立就业服务台账，由就业援助员对其求职进行全程指导、跟踪，全力以赴帮助他们尽早实现就业。

第三，针对刑释解教人员的就业工作。对这一特殊群体，LXM街道从源头介入，积极与司法所联手，坚持每年到"大墙"里向服刑人员宣传就业形势和政府补贴政策，鼓励他们多学些技能，为今后就业打下基础。例如，2006年针对刑释解教人员就业难，庆和列车清洗服务社这一特色就业安置基地应运而生，后续南市发电厂也成为此类特色基地，提供后勤岗位安置刑释解教人员。低门槛的入职条件，针对性地照顾安置，让刑释解教人员尝到了新生活的甜头，为社区的安定和谐奠定了基础。

三、和谐社区文化建设的理论思考

（一）坚持"以人为本"的城市社区文化建设理念

"以人为本"的理念就是要以提高社区居民生活质量和文明程度为宗旨，把不断满足居民的精神文化需求作为社区文化建设的根本出发点和归宿点。这就要求LXM街道在开展城市社区文化建设的过程中，首先，要确立尊重社区成员个人自主选择和发展的权利，把服务社区居民作为开展城市社区各项文化活动的基本原则，真正做到"以人为中心"，而不是仅仅为了应付各种形式主义的评比、检查、达标、验收等活动，更不能以牺牲城市社区的精神文明建设和以牺牲社区人的独立人格为代价来换取短期的物质建设的发展。其次，要把"人的塑造"这一根本目标贯穿于城市社区文化建设整个过程，通过形式多样、丰富多彩的群众性精神文明创建活动，着重解决人的精神支柱和精神动力问题，致力于提高城市社区居民的思想道德素质和科学文化水平，为人的全面而自由发展创造良好条件。最后，要继承和发扬我国注重人际关系、代际亲情、人情交往的社区文化传统，大力营造邻里和睦、出入相友、守望相助、疾病相扶持的社区文化氛围，培育志愿奉献、平等参与、友爱协作的社区文化价值理念。

（二）坚持物质文化、制度文化与观念文化的协调发展

社区文化建设包括物质文化建设、制度文化建设与观念文化建设三个层次，三者必须协调发展，才能把社区文化建设好。社区物质文化是社区文化现象的外在表现，它是社区文化建设必要的前提条件；社区制度文化则是社区成员共同遵守的行为规程和准则，它为社区文化建设提供有力的

组织保障和健全的运行机制；社区观念文化是社区成员在长期的社会生活和互动中逐渐形成的一种共同的价值观念、心理倾向和道德水平，其核心就是社区精神，它是社区文化建设的归宿，也是社区居民文化创建活动开展的最直接的动力源泉。LXM街道注重从健全和培育社区意识方面来加强社区文化建设，这是社区居民良好的生活习惯、卫生习惯、道德修养和行为规范形成的前提，也是提高社区生活和文明程度的必要条件。

（三）坚持"以节载道"，把传统文化与现代文化相结合

社区文化既要以现有为基础，继承优秀的传统文化，更要注重创新。民俗文化是社区文化建设的基础性资源，为社区文化的未来发展、为构筑未来更先进的文化提供素材。现代文化是社区文化生机与活力的体现。社区文化要面向现代化、面向未来，就必须处理好民俗文化与现代文化的关系。保护基础性的民俗文化，发展先进的现代文化，只有这样，社区文化才能真正服务于社区居民的需求。

（四）坚持开展群众文化活动，大力弘扬时代主旋律

开展群众文化活动是加强精神文明建设、做好思想政治工作、为群众提供精神动力的好方法之一，是群众文化工作的灵魂。这就要把满足居民的文化需求放在第一位，开展形式多样的文化活动。LXM街道的群众文化活动以大型主题活动为重点，节庆活动为补充，经常性活动为依托；坚持特色突出、形式新颖、内容丰富、寓教于乐，做到既轰轰烈烈，又扎扎实实。

四、和谐社区文化建设的发展路径

社区文化建设要继承中华民族悠久的文化传统，吸收世界各族人民的文明成果，以开拓进取的精神，创造利用一切有利条件和有效方法，满足人们日益增长的文化需求，倡导健康文明的生活方式，使人们的文化素质

和身体素质不断提高，促进社会的进步、经济的发展和文化的繁荣。

（1）以党委、政府为主导。城市社区建设是一项复杂的社会系统工程，综合性、协调性很强。要在党委、政府主导下，把党委、政府的领导力量、民政部门的协调力量、社区居委会的主办力量、居民群众的参与力量和理论工作者的指导力量结合起来，形成合力，共同推进社区建设。

（2）以服务居民为宗旨。服务是城市社区建设的主题，是生命力所在。在推进社区建设的实践中，要把服务社区居民、提高社区居民生活水平和生活质量放在首位。要从社区居民迫切要求解决和关注的问题入手，急居民群众所急，想居民群众所想，办实事，重实效，使居民得到切身利益，切实感受到党和政府的关怀。要强化服务意识，加强组织协调；突出服务重点，扩大服务领域；整合服务资源，完善服务网络；健全服务设施，改善服务手段；加大硬件投入，培育精品亮点。街道要行使指导职能，支持和帮助社区居委会独立开展工作。

（3）以民主自治为目标。推进基层民主政治建设是城市社区建设的灵魂，实现社区居民自治是社区建设的方向。要培育社区意识，重点培育社区居民的自治意识和参与意识。要培育社区队伍，加强社区工作者队伍和志愿者队伍建设。要大力培育社区组织，特别要重视发展社区中介组织。按照"社区自治、议行分设"的原则，建立健全社区自治组织体系和相应的规章制度，依法开展自治活动。

（4）以居民参与为重点。"满意"是社区居民参与的前提，街道要在与居民群众生活息息相关的方面做文章。积极推进社区居民委员会的直接选举，是动员更多社区居民关心社区工作、参与社区建设的有效途径。要把千千万万的社区工作积极分子组织起来，引导和鼓励他们从事志愿者服务活动，推动社区建设蓬勃发展。严格划分和落实社区的民主选举权、社区决策权、日常管理权、财务自主权、摊派拒绝权以及社区内外部的监督权，最终达到党领导下的社区居民依法自治。

（5）以示范活动为手段。社区建设需要成功经验的引导，一是从社区居委会抓起，二是从关键问题抓起。重点要抓管理体制和运行机制，抓组织体系，抓活动开展，抓基础设施建设，培育社区队伍，开展社区活动。

（6）以实惠实效为标准。不同街道的经济条件和人文因素差别很大，具体到居委会更是千差万别，因此，在推进社区建设的过程中，必须坚持从实际出发，因地制宜，不能盲目攀比。要坚持科学规划，分步实施，分类指导，保持特色。社区建设工作关键是要务实，工作要落实，服务要到位，这些都要制度作保证，而不能搞形式主义。

第三章

农村城镇化

CHAPTER 3

城镇化既体现在人口、非农产业、地域景观向城镇集聚等物质形态的城镇化,又体现在人们的生活方式、价值观念、社会结构等由农村向城镇文明升级的精神形态的城镇化。本章探讨内生型和外生型农村城镇化的运行机制及其差异,以及小城镇经济发展的动力机制,特别研究了西递、宏村古村落的现代化模式和经营管理机制。

第一节 农村城镇化的运行机制

按照农村城镇化发展的动力机制不同,可以分为内生型和外生型两种,当"变迁的因素存在于社会体系内部时称为内生因,存在体系之外时叫外生因"[1]。虽然每个城镇发展都离不开这两种作用力的结合,实现推拉式前进,但总有一种动力占据主要地位,从而使两种不同类型的农村城镇化具有不同的运行机制。

一、农村城镇化的生成机制

(一)内生型农村城镇化的生成机制

内生型农村城镇化的启动和运行,从外在形式上看,就是把各个分散的农村原始聚落集聚到农村居民点上来,让农村原始聚落中分散的经济、人口和土地得以集中,促使农村的产业结构和农民的就业结构发生转变,居民点逐渐发展成为农村集镇。再伴随农村集镇基础设施建设、城镇景观的浮现,小城镇最终得以形成。这将是一个漫长的过程,并遵循着一定的层次转变规律。土地、人口、经济的集中,产业结构、就业结构、空间结构的转变是这一过程的全部内容。

---

[1] 富永健一.社会学原理[M].严立贤,等译.北京:社会科学文献出版社,1992.

从内在运行机制上看,首先要在农村原始聚落附近选取农村居民点或者新区加以建设,吸纳农村原始聚落里剩余劳动力和分散的资金。随着人口在新区不断集中,拉动了消费市场,为工商业出现提供了可能性,农民开始考虑投资非农产业,有限的农业资金得到聚集。伴随着人口、经济集聚,产业结构和就业结构发生了相应转变,农业比重日益下降,第二、第三产业开始占据主导地位,一部分农民逐渐离开了农业生产,成为乡镇企业的工人,或者成为第三产业从业人员。农村耕地相对集中会促进农业生产率的进一步提高,又将产生一部分剩余劳动力,继续参与到农村城镇化的循环过程中。而产业结构和就业结构转变形成的仅仅是农村集镇,要想最终促进小城镇发育形成,还有待高一层次的结构转换,那就是空间结构的转换。最终,三集中(工业、人口、土地)带来了配套设施,于是在新区地域上出现了各项基础设施配套齐全的具有现代气息的小城镇。[1] 如图3-1所示。

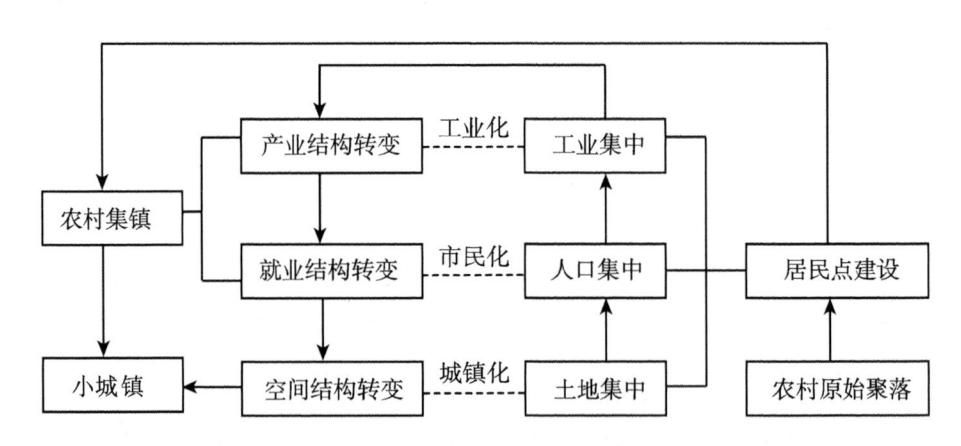

图3-1 内生型城镇化启动和运行模式

内生型农村城镇化的起点是居民点建设,其区位优劣直接影响到经济、人口、空间的集聚效果,因此,居民点的区位选择相当重要。影响居

---

[1] 郑弘毅. 农村城市化研究[M]. 南京:南京大学出版社,1998:132.

民点区位的因素包括自然因素，如土地、矿产、水资源、生物资源等；经济技术因素，如运输条件及运输率、劳动费用、竞争关系、区域经济等；社会政治因素，如环境政策、居住政策、区域发展政策等。在不同的区位上，上述区位因素具有很大的差异，组合也不同，从而决定了各区位的优势，产生了区位的差异。

居民点微观经济区位分析的重要任务就是确定居民点在镇域内的位置及与其他居民点的竞争与协作关系。分析的重点有：第一，居民点在镇域范围内的几何位置，以明确其潜在的腹地范围，尤其应对位于行政区边界的居民点位置予以分析，以界定其他边缘性及对居民点可能带来的影响。第二，居民点与其他居民点的规模互控关系。居民点规模除考虑本辖区范围内人口及城镇化水平以外，还要考虑与其他居民点的关系。第三，居民点与其他居民点的职能分工及在镇域中的等级位置。

居民点的市场区位对合理配置资源、优化产业结构、促进居民点快速发展，具有重大现实意义，是小城镇规划中区位分析的一个重要环节。市场区位的要点：第一，市场规模。它直接影响到经济活动的持续性和合理性。经济活动无论是生产活动还是服务活动都要求达到一定规模和程度，这样的经济活动才能持续进行。市场规模还直接影响到经济活动的合理性，这是因为规模经济在起作用。第二，市场地域范围。市场地域的大小直接影响到经济活动的类型与规模，尤其是传统商业活动中的零售业，不同的经营类型与规模对应于比较固定的市场地域的范围与规模。第三，市场特性。这往往是由消费者的消费需求偏好所决定的。在不同的区域，由于不同消费习惯和其他不同因素，占首要地位的需求层次往往并不相同。第四，市场竞争环境。市场竞争对从事经济活动的企业产生激励，促进生产力的发展。

居民点的交通区位可分为宏观交通区位和微观交通区位。宏观交通区位是指居民点在国家或省区交通网络中的位置，包括居民点与国家级和省级运输通道、港口的位置关系。微观交通区位主要指居民点与其主要的对外联系通道的关系,它关系着居民点对外联系的便捷性和居民点空间布局形态及对外交通的组织。分析的重点包括居民点与河流、地区性交通网络的关系和居民点过境交通的组织方式。[1]

(二) 外生型农村城镇化的生成机制

外生型农村城镇化的生成,可以分为以下阶段:首先,在农村原始聚落附近进行农村居民点建设,把农村原始聚落中分散的经济、人口和土地集中起来。人口向居民点集中将使农村人口的生活居住条件和环境得到较大改善,城乡差距越来越小,逐步融合。耕地向农场或农业大户集中,是实现农业产业规模经营的根本前提和基础,只有一批又一批地把从事农业生产为主要经济收入来源的农民彻底地导出土地,才会有最低限度的农业规模经营,也才有可能谈及不断提高农业产业化、现代化程度。在居民点建成的基础上,工业集中使乡镇企业能获得经济集聚效应,较高的经济效益通过在居民点最大限度的空间集中而获得,它一方面拉动了农村原始聚落中的人口和土地的集中;另一方面使农村的产业结构和农民的就业结构发生转变,居民点逐渐发展成为农村集镇。再伴随农村集镇基础设施建设,城镇景观浮现。最终,三集中(工业、人口、土地)带来了配套设施,小城镇得以形成。值得一提的是,由居民点建设到农村集镇的出现再到小城镇的形成将是一个漫长的过程,其过程遵循着一定的层次转变规律。工业、人口、土地的集中;产业结构、就业结构、空间结构的转变是这一过程的全部内容。如图 3 - 2 所示。

此发展模式可以概括为"三集中"模式,所谓"三集中"是指农村人口居住向城镇的集中、农村工业企业向乡镇工业园区的集中和农业土地向农场或农业大户的集中。"三集中"模式首先由当时的上海市土地局、

---

[1] 袁中金,王勇. 小城镇发展规划 [M]. 南京:东南大学出版社,2001:55 - 60.

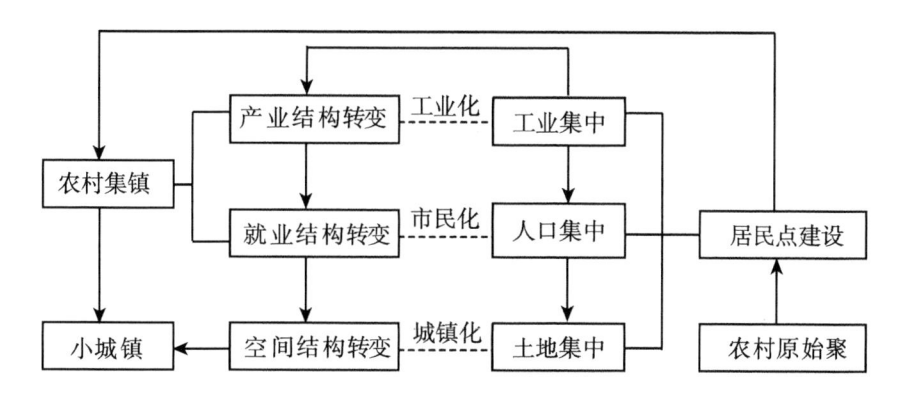

图 3-2 外生型城镇化启动和运行模式

农业委员会等政府部门提出,是关于上海市郊区工业化、城镇化发展和建立现代农业的指导模式。这一模式在上海市实施二十多年来,取得了巨大成功,随后在苏南、温州及其他地区推广开来,被实践证明它是农村城镇化的成功经验。"三集中"模式符合"控制人口、节约土地"的可持续发展原则,它使乡镇企业走向产业化、规模化的良性发展轨道,也是建立现代农业产业、实现农业耕作农场化、规模化、机械化、生态化的基础。

二、农村城镇化的模式和条件

(一)内生型农村城镇化的"三集中"模式

概言之,所谓"三集中"即工业集中、土地集中、人口集中。

"工业集中"使乡镇企业走向产业化、规模化的良性发展轨道。改革开放初期,我国乡办企业、队办企业、私人企业遍地开花,出现了"村村点火、队队冒烟"的局面,分散布局,重复建设,造成资金、资源、土地等方面的浪费。在小城镇设置工业园区,使乡镇企业向园区集中是针对中国国情的科学选择。过去推行重工业优先发展战略的结果是跳跃了劳动密集型工业和小城镇发展的阶段,造成了工业化进程中就业结构转换滞后于产业结构转换、城镇化进程中人口集聚滞后于资本集聚以及城乡经济关联度极低的格局。在小城镇设置工业园区,可以在更大范围内进行农业剩余劳动力的转移以加速工业化进程，从而提高非农产业发展的空间集聚度，加速城镇化进程。从公共产品供给看，企业集聚可以共享这种社会生产条件，从而节约基础设施的费用。从中间产品提供看，企业集聚在小城镇可以共享辅助行业提供的专门服务。这种辅助行业主要是指提供工具、原材料和运输服务等中间产品的行业。在一定地区没有较多的同类企业，专门提供这样的服务是不值得的。政府设置乡镇企业工业园区实际上是顺应客观发展规律，更快、更好地为乡镇企业获取外部规模经济创造条件，以降低乡镇企业空间集聚所需付出的代价，尤其是延期支付的环境代价。

"土地集中"是我国建立现代农业产业的基础。按照经济发展实现"两个转变"的要求，我国农业经济应走适度规模经营之路，实现农业经济增长方式由粗放、数量型向集约、效益型的转变，这已经取得共识。实现耕地的集中和规模经营，单靠农民自己办不到，必须进行政策引导和政府干预，把农业剩余劳动力的转移和耕地的集中与规模经营结合起来。

"人口集中"指人口向城镇集中，使城乡生活方式差距越来越小，逐步融合。城镇从一开始就是物质和精神的结晶，创造出一种新的文化情境，反映着它所处时代的社会经济、科学技术、生活方式、人际关系、宗教信仰等各自的特征，对农村的人流、物流和信息流具有很大的吸引力。农村社区以务农为主，同质性较强，职业比较单纯，公共生活设施和场所比较少，因而可选择的活动方式就少，生活相对单调。而城镇特别是繁华的城市则呈现五彩缤纷的景象，各种职业、各种社会阶层的人聚居在一起，异质性强，社会利益高度分化，文化娱乐活动场所数不胜数，人际交往与人际互动繁多，因而其生活方式呈现丰富化、多样化和复杂化的特点。一个传统的农村人生活在狭小而又相对封闭的村落里，他每天交往的人是很有限的，主要是以血缘和地缘为纽带的家庭成员、其他亲戚和邻里。传统村民之间交往往往具有浓厚的感情色彩和"全面介入"的特点，是以一种泛化角色出现的，而城镇则不同，"如果一个城里人对他们接触的每一个人都满腔热情地作出反应,或头脑里乱七八糟地塞满有关这些人的信息,那他将从心理上彻底分裂,跌进一种难以想象的精神状态之中。"① 由此可见,城镇环境有一种隔离功能,在人际交往中个人是以专业化角色出现的,具有"有限介入"的特点,只同其个别组合打交道,而不与其全部生活纠缠在一起。这也就是美国社会学家沃思(L. Wirth)所说的,城镇人在想到别人时,不是想他是谁,而是想他是干什么的。②城镇是以市场为基础脱颖而出的,市场运作的旋律往往渗透到城镇生活的各个领域。处于市场经济下的个体要想生活得好、拥有好职位,必须凭借自己的业绩和能力,因此,现代的城镇生活充满了竞争性,在很大程度上可以说竞争是城镇生活的主旋律和生活方式的重要特点。为了适应这种竞争生活,城镇人更注重知识、技能的学习与提高,更注重交往能力和社会适应能力的培养,同时在为人处世上有较强的理性思维方式。相对于世代生活在偏僻乡村的农民来说,上述城镇文明对他们具有较大的吸引力,可以称为观念层次的文化动力。

实践证明,"三集中"发展模式是内生型农村城镇化的成功模式。温州模式是中国农民在条件落后、交通不便、缺乏城市带动和城市文明辐射的地区,通过自发地发展商品经济,以劳动替代资本投入进行资本的原始积累,进而开始工业化和城镇化发展的生动实例,这是中国目前民营经济空前活跃的地区。苏南模式是中国城郊经济在大中城市的辐射带动下,通过城乡结合、以工补农、以工建农、以工支农,使农工商协调和健康发展,并进而带动工业化和城镇化水平不断提高的一种模式。反映出中国在20世纪80年代形成的乡镇集体经济和乡镇企业在改革开放以后,在逐步实行市场经济的过程中,不断地发展壮大,并最终成为地区的工业化主体和地区经济的主体。

---

① 阿尔温·托夫勒. 未来的震荡 [M]. 任小明,译. 成都:四川人民出版社,1985:104.
② 陈建远. 社会科学方法辞典 [M]. 沈阳:辽宁人民出版社,1990:150.

(二) 外生型农村城镇化的条件

农村城镇化是一个由传统的农村社会向现代城镇社会发展的自然历史过程，是经济发展和社会整体进步的客观要求和综合表现。因此，外生型农村城镇化的运行需要一个庞大的支持系统，要深入研究其良性运行所需要的经济社会环境和一系列条件。

第一，优越的区位条件。区位条件的好坏取决于聚落的可进入性和可达性。可进入性包括地理、经济、制度和社会可进入性四个方面。地理可进入性是指场所对外交往的地理方便程度，它主要决定于地理位置的距离。接近市场中心，则有利于经济活动的开展。经济可进入性系场所的对外交往成本的高低，它取决于运费、通信费。费用越低，对外通达性越好，反之则相反。制度可进入性是指由制度因素决定的场所对外生产要素和商品交往的方便程度。一个地区制度越开放、越自由，其制度可进入性越高。社会可进入性是由社会因素（包括语言、商业文化等）所决定的场所对外交往的便利程度。在社会可进入性中，语言的作用是非常大的。空间可达性是指一个区域、城镇、线状或点状基础设施与其他有关区域或设施进行物质、能量、人员交流的方便程度。时间距离是衡量空间可达性的主要指标。空间可达性的高低，反映该区域与其他区域相接触进行社会经济和技术交流的机会和潜力，而这种机会和潜力在聚落发展中起着很重要的作用。

外生型农村城镇化的实现，从客体角度看，是生产要素或资源向优势地理区位运动、集中的过程。由于社会经济空间的相互依存性、资源空间分布的非均匀性和分工与交易的地域性，使各空间位置具有不同的成本、市场、资源、技术等条件并呈现这些条件的不同组合，从而使聚落在某些区位得以成长，并具有不同的区位优势。聚落所处的自然环境条件优越，就有利于其发展；否则，就会受自然环境的约束。区位条件还决定了一个聚落在城镇体系中的空间关系，通过它们相互之间的交通联系所决定的距离成本而对其经济增长产生作用。从主体角度看,则是经济行为者谋求对他们最有利的地点来发展的过程,这些地点必然具有某种先天的地理上的优势和生产效率方面的优势。亚当·斯密(Adam Smith)分别称它们为"自然性优势"与"获得性优势"。自然性优势是由区位的自然禀赋决定的,即由于气候、土壤、地形和其他自然条件的分布不均,使不同的企业和产业具有地域上的空间指向性。获得性优势是指劳动熟练程度和技术,即劳动生产率,它是基于机会成本提出来的,是一种相对优势。

第二,较大的利益驱动。不同空间上存在的比较优势形成的势能差,只是导致区位演变的必要条件,而不是充分条件。因为仅有这种势能差,并不足以使不同空间发生相互关系和相互作用。在具体的社会经济环境中,不同的空间生产力系统,只有在存在利益关系的前提下,才可能发生相互作用,从而导致要素的实际流动。这里说的利益是指包括比较利益在内的一组利益序列,即"比较利益－互补利益－选择利益"共同构成的利益关系链。一般来说,追求比较利益可视为区位单位定位于特定区位的动力,因为在比较利益高的区位上经营可以使企业获得在其他区位上通过其他方式所无法得到的价值盈余。在这种区位上,生产费用、流动费用等组成的总成本最低,或者收益最高。互补利益是建立在比较利益的基础之上,其本质是一种聚集经济利益。因为聚集在一定程度上体现了互补关系,即某一产业的增长促进了一个互补产业的增长。如果没有这种具有互补性质的聚集利益,即使存在比较优势利益,经济活动也可能采取分散的形式,而不必聚集到城镇。正是由于互补利益的存在,才吸引了人口、资源的空间聚集。然而,区位单位由于受到对资源与经济要素的支配能力以及外部环境的制约,不同性质的区位单位在对最优化区位的选择时,还涉及一个利益抉择的问题。在利益抉择中,往往需要在时间和空间这两个尺度上进行比较,以确定具体的利益目标,最终选择适合于自身的生存空间。从时间上看,区位单位必须协调近期利益和长远利益的关系;从空间上看，利益抉择还必须进行空间的比较，寻找适合于自身的区位。比较利益、互补利益和选择利益是要素流动和区位变迁动力的相互关联的利益序列，在具有比较利益的条件下，寻求多元利益互补关系，进而优选并取得选择利益，可使城镇区位最大限度地获得流动和聚集的社会性动力。对不同的区位，只有具备这种动力条件的聚集才可能是真正合理和有效率的，从而也成为整体资源动态配置中的"帕累托最优"的微观基础。

第三，完善的市场机制。外生型农村城镇化的良性运转必须具有完备的微观聚集主体，主体的完备性是聚落接受外力作用的重要条件，主要表现为微观主体是否具有充分的经济理性，即其行为是否具有"经济人"行为特征。"经济人"行为特征突出表现为追求市场利益最大化。作为农业剩余劳动力，他所追求的是预期收益的最大满足；作为企业，它所追求的是最大限度的市场利润。由充分经济理性可以推导出微观主体产生的条件，微观主体必须具有充分独立性、创造性、自主性，这包括独立的产权以及独立行使产权的能力。只有完备的微观市场主体才能感应优势区位上利益激励力量，并在这一力量的驱使下作出灵敏的反应。

如果说微观主体是区位利益的感知者，那么要素市场体系则是资源和经济要素流转的传导者。没有要素市场，资源和生产要素就不能实现真正意义上的最佳区位选择，它的发达程度直接决定着一个城镇的市场功能及其引力。统一的要素市场体系包括三个方面内容：首先是结构的完整性。市场结构的不完整，会直接制约城镇聚集力的传递作用，如缺乏劳动力市场，农村剩余劳动力的转移就不可能按照资源优化的原则进行配置。其次是联系上的有机性，即整个市场必须形成一个一体化的、高度组织化的有机整体，各类市场相互之间具有高度的内在关联性。城镇网络实质上就是市场网络，要素聚集是通过具有内在联系的市场网络来进行的。市场封锁、"诸侯经济"不利于要素聚集机制的正常运转。最后是多层次结构性。要素市场作为一种有形市场，它的吸引力和辐射力的作用范围是有限的，要想使要素市场的作用范围尽量扩大，必须通过建立多层次的市场体系予以传递。也正是这种要素市场的多层次结构，使得城镇与区域的经济活动紧密地联系在一起。①

第四，最小的制度障碍。制度安排在农村城镇化进程中有着极其重要的作用，主要体现在以下三个方面：一是制度作为一种激励机制约束着城镇化的进程。城镇化过程是资源在空间上的优化配置和充分提高资源效率的过程，而效率是经济主体创造性努力的结果，经济主体的创造性努力则是受制度激励的。例如，家庭联产承包责任制作为1978年后我国农业的一种基本经营形式和制度安排，成为一种土地、劳动力、资本和技术等生产要素功能释放的刺激体制，使农业生产率大幅提高，从而为我国城镇化奠定了基础。二是制度通过限定个体的选择集合制约着城镇化的行为。从微观上看，城镇化的一个重要变化是人口城镇化。这种行为的产生，深受制度安排和制度环境的影响。制度既决定着迁移者是否具有选择迁移的自由，也决定着迁移所带来的成本与效益的集合。三是制度通过影响交易成本制约着城镇化的成本。由于制度化的知识共享于同一制度中，每个人事先就知道其他人对他人行为会作出的反应，这就大大减少了个人决策中的不确定性，也就是说，制度的功用在于它能降低交易成本。

尽管外生型农村城镇化是一个在市场机制作用下不断发育的过程，但政府通过制度创新和宏观手段推动和调控农村城镇化进程，对农村城镇化的健康发展是十分必要的。从一般意义上讲，政府在农村城镇化中的作用，主要表现在校正市场机制的缺陷、制定农村城镇化发展规划、制定推进农村城镇化的法律法规和政策、对农村城镇化进行必要的扶持等方面。在农村城镇化过程中，如果存在制度障碍，即使城镇聚集经济

---

① 冯云廷. 城市聚集经济：一般理论及其对中国城市化问题的应用分析[M]. 大连：东北财经大学出版社，2001：59-76.

有很大的诱惑力，但由于进入成本高，也会抵消区位单位向聚集区移动的积极性，资源和经济要素就不能按效率原则配置，最终会阻碍农村城镇化的运行。

三、农村城镇化的发展动力

（一）内生型农村城镇化的动力

人地矛盾是内生型城镇化的初始动力，农业发展是其内部推力。随着农业的发展和新技术、新工具的应用，农业劳动生产率不断提高，供养人类所需的农业劳动力逐渐减少，农业部门就出现了劳动力相对剩余。另外，农村人口的增长和耕地面积的下降又造成了劳动力的绝对剩余。农业技术尤其是农业机械化和农业服务社会化的进步提高了农业生产率，同时也提出了优化农业资源配置的要求。优化农村剩余劳动力的资源配置是其他一切优化的前提，因为土地收益递减规律是土地的重要属性，对农业的过量要素投入特别是对劳动力的投入既不经济也不合理。可见，随着资金、技术、劳动力在土地上的有效投入带来了劳动生产率的提高，也必然带来大量剩余劳动力，这种不断增多的剩余劳动力，只能到农业以外的领域寻找就业机会。高收入的吸引和现代生活方式的召唤，使农村剩余劳动力向非农产业的转移成为不可阻挡之势。然而，尽管农民向往现代的城市生活，但是城市就业的高门槛和城乡分割的经济体制，依然制约着农民进入城镇并获得从事非农产业的机会。在这种情况下，就地办企业，离土不离乡就成为农民进入非农产业的唯一选择。乡镇企业的发展创造了大量的非农就业机会，农村剩余劳动力流入城镇，加入第二、第三产业的行列。正如国松久弥所指出的："如果农业部门除本身所需的劳动力外再没有能力提供非农业部门以剩余劳动力的话，那么非农业部门就不可能兴起。这样，如果非农业部门不能形成，城镇化当然就不可能发展。因而，城镇化的前提条件必须是随着农业生产力的提高而造就的农业剩余劳动力。"① 农业对城镇化发展的基础作用主要表现在三方面：第一，为城镇提供粮食、副食品和轻工业原料；第二，农村剩余劳动力为城镇人口的增长提供了来源，也为工业化提供了所需的人力资源；第三，农业的发展促进了小城镇的发展和新城市的产生。

乡镇企业的发展是内生型农村城镇化的后续动力。与农业生产的分散性特征相反，乡镇企业是一种聚集活动，这种聚集效应引起人口和生产要素在小城镇的相对集中。随着乡镇企业在小城镇的集聚，小城镇逐渐成为综合性的社区中心，也是农民务工经商的理想场所。部分农民通过自理口粮的方式带着资金来到小城镇落户，务工经商；部分农民则以亦工亦农的方式在乡村和小城镇之间摆动。这两部分人口都促进了小城镇人口的集聚。然而，由于"三就地"原则（就地取材、就地加工、就地销售）和"离土不离乡，进厂不进城"的分散工业化、城镇化政策所引发的问题日益突出，如大量高质量的耕地转变为非农用地，乡村环境因工业的分散而污染严重，企业因规模小而无法实现规模效益等，如果这种状况任其发展下去，将无法实现区域的可持续发展，城镇化质量也难以提高，人们的生活质量也难以提高，这与发展乡镇企业的宗旨背道而驰，因而调整乡镇企业的空间布局成为乡村可持续发展的内在要求，已经成为各地干部和群众的共识。尽管实现乡镇企业向城镇集聚有多种途径，而依托现有的小城镇，建立工业小区作为乡镇企业适当集中的场所，成为较为现实的选择。工业企业的集中，又创造了对金融、交通、信息、旅店、餐饮、文化、娱乐等服务产业的需求，从而带动城镇第三产业的兴起和发展。因此，农村工业化必然引起农村城镇化，这是其发展的后续动力。

（二）外生型农村城镇化的动力

按照社会学的观点，社会体系与外部环境之间存在着一定的界线，内

---

① 国松久弥. 城市化过程 [M]. 北京：中国建筑工业出版社，1987：91 – 100.

外相互区别。作用于农村城镇化的外生动力有很多，其中大中城市的辐射与自上而下的制度安排是两股最主要的外生力量。

根据空间相互作用的距离衰减原理和回波、集聚效应的空间决定原理，按照与大中城市距离的远近，可将农村聚落（包含小城镇、农村集镇、居民点、原始聚落）分为三种类型。第一种类型是位于大都市圈内的农村聚落。该类聚落紧邻城市建成区，位于城市规划区范围内，它直接受大中城市的经济辐射，在资金、技术、信息等方面具有独特优势。虽然有的聚落目前是独立发展的，但这类聚落在未来的发展中会有质的飞跃，必将成为城市的一个部分，被纳入城市范畴。对其规划一定要注意动态分析，协调好近期、远期和远景规划，既要满足近期生产、生活的需要，又要注意与大中城市规划协调起来，以免当前建设成为未来发展的羁绊。这类聚落要特别注意做好控制性详细规划。第二种类型是位于大中城市强辐射圈内的农村聚落。该类聚落在空间层次上属于大中城市的正溢出区，一般距大中城市30千米~50千米，与大中城市有着便捷的交通联系，能直接受到大中城市的辐射，成为城市产业的扩散地。同时，它又通过产业的集聚吸引着农村人口，成为农村人口进入城市的"蓄水池"。这类聚落发展潜力较大，进行规划时要注意以下两点：一是农村聚落必须主动实现与中心城市功能的整合，将空间邻近的区位优势转化为经济生态位优势，积极吸引中心城市要素的扩散，尤其是物态的生产要素和信息、资金等非物态要素，以自身发展的特色与独特的功能确立不可或缺的地位；二是广泛建立与周边、外围乃至其他区域众多聚落间的联系，寻找更多的发展机遇，珠江三角洲、长江三角洲诸多小城镇的迅速及稳定成长即得益于此。第三种类型是位于大中城市卫星城辐射圈内的农村聚落。该类聚落直接接受中心城市和卫星城镇的双重辐射，而其自身对腹地的辐射较弱。处于大城市和卫星城镇的负溢出区，两种反向冲刷力的遭遇使该类聚落的发展受到抑制。由于中心城市和卫星城镇对劳动力的需求，其人口将大量流向卫星城镇和中心城市，其自身的人口规模反而较小。在人口类型上，通勤人口比重较大，其规划的方向应围绕为大中城市和卫星城镇服务而进行。除上面三种类型以外，还有一种类型为农村聚落，处于大中城市辐射范围之外，其发展相对比较独立，不能或很少接受大中城市人才、资金、信息等的辐射，而与农村联系较为密切，其发展可以说是内生型的。

如上所述，邻近中心城市边缘的农村聚落较之其他聚落往往可以得到优先发展的机遇。然而，在某些时段、某些地区中却存在着聚落越是邻近中心城市，其发展越受中心城市的制约、越是落后的状况。这是因为，当大城市处于集聚发展为主导的时期，周边地域的社会、经济要素表现出强烈的集聚特征，而越过与中心城市邻近的农村聚落直接进入中心城市，这些聚落自身的一些要素也表现出明显向中心城市流动的现象，因而在此情况下，越是邻近中心城市的聚落，其发展环境越是受限。当中心城市处于扩散时期时，这些邻近聚落也未必受益。中心城市扩散的要素一般有三种，即产品的扩散、物态生产要素的扩散和信息、资金等非物态要素的扩散。第一种、第三种扩散都有明显的空间逾越性特征，因此同样不会促进邻近聚落的发展，而只有当第二种扩散占据主导地位时，这些聚落所处发展环境的优越性才能得以体现。这也可以用瑞典经济学家摩登（G. M. Murdal）提出的扩散效应和回波效应来解释，该理论认为经济发达地区与经济落后地区在经济极化过程中存在着一对作用力，城市对周边地区的推动作用可称为扩散效应，对周边地区的阻碍作用可称为回波效应，两者综合形成的效应可称为净效应。净效应随空间距离的变化趋势取决于扩散效应和回波效应随距离的递减率，如果扩散效应递减快于回波效应，则城市附近地区受到的净效应较大，即为城市之外的又一良好地带；如果回波效应递减快于扩散效应，那么溢出效应在离城市一定距离后达到最大值，而城市外围则为经济发展的低谷区。[①]

---

① 袁中金，王勇. 小城镇发展规划 [M]. 南京：东南大学出版社，2001：51-54.

自上而下城镇化制度安排主要包括城镇化依存产业发展制度、经济要素流动制度和城镇建设投资制度三个方面。[①] 具体来说，城镇化依存产业发展制度包括城镇化孕育产业（第一产业）发展制度、城镇化推动产业（第二、第三产业）发展制度。在计划经济体制下的自上而下城镇化时期，主要体现为工业中以国有经济占绝对主导地位的企业制度和农村中以人民公社的普遍实行为特征的农业经营制度。经济要素流动制度包括人、财、物、技术和信息等方面的流动制度，主要包括城乡人口（劳动力）流动限制制度、农产品统购统销制度、物资计划管理制度、统收统支的财政制度、金融业务垄断制度和工农业产品价格"剪刀差"制度。城镇建设投资制度包括城镇基础设施投资制度、城镇房地产开发制度。上述制度安排是由20世纪50年代实施优先、快速发展重工业的工业化这一逻辑起点内生出来的。这种以计划为资源配置手段、以工业化目标为中心，优先、快速发展重工业的战略及其制度安排，决定了与工业化密切相关的城镇化发展的制度安排选择空间与制度结构。其结果是加剧了社会经济结构的二元化特征，而不是带动了人口和资源向城镇的空间集聚，从而使中国城镇化进程在刚刚起步之际即受到制度因素的阻滞。这种自上而下型城镇化制度安排是我国改革开放以前的农村城镇化主导模式。

第二节　小城镇经济发展的动力机制

小城镇经济集聚与扩散动力受多方面因素影响，产业结构的升级和功能转换直接推动小城镇经济的发展。其中，集聚效应是小城镇经济运行的内在规律，近邻效应和分工效应是其突出表现。由于小城镇处于农村之首城镇体系之尾，区位优势是小城镇经济发展的有利条件，经济行为者聚集

---

① 刘传江. 中国城市化的制度安排与创新［M］. 武汉：武汉大学出版社，1999：126.

在小城镇能获得比较利益和互补利益。小城镇向心增长和离心增长是集聚与扩散相互作用的表现，社会经济发展是小城镇空间变迁的根本动力，功能－形态互适机制是其演变的主要机制。

一、集聚效应是经济发展的内在规律

小城镇经济集聚与扩散具体表现在发源于城市一端的经济扩散和落实于农村一端的经济集聚。其中，集聚是因为在工业布局的技术因素影响下，最高的经济效益是通过最大限度的空间集中而获得，扩散则是区域中心城市效应的发挥及反磁力理论的实际应用。集聚效应是小城镇经济运行的内在规律，它是指社会经济活动因空间集聚所产生的各种影响或经济效果。从本质上看，外部经济是小城镇经济集聚效应的一种典型表现形式或实现方式。最明显的外部效应是近邻效应，它是在小城镇经济活动中，企业之间、部门之间的空间关系对其发展所产生的影响，是经济活动集中于小城镇时所带来的经济性。从公共产品供给看，企业集聚可以共享这种社会生产条件，减少对基础设施要求的复杂性，从而节约基础设施的费用。资料显示，工业成组布局一般可以节约城市工业用地10%～20%，工业管网减少10%～20%，交通运输线缩短20%～40%。[①] 从中间产品提供看，企业集聚在小城镇可以共享辅助行业提供的专门服务。这种辅助行业主要是指提供工具、原材料和运输服务等中间产品的行业。在一定地区没有较多的同类企业，专门提供这样的服务是不值得的。

除此之外，分工效应对小城镇经济集聚也有着重要影响。分工效应是指几乎任何区位单位集聚在一起都能够享受专业分工带来的好处，例如，服务上的社会化、生产分工上的协作等。专业化程度的提高能够带来生产效率的提高或生产资源的节约。一个最能说明问题的例子是福特流水线，

---

① 冯云廷. 城市聚集经济：一般理论及其对中国城市化问题的应用分析 [M]. 大连：东北财经大学出版社，2001：15－32.

自动生产流水线用自动传送装置将不同工位及不同机器联结起来，与之相应的是在机器体系下工作的工人之间的分工更细密。钱德勒（Chandler）指出："这项创新——流动装配线的功效是立竿见影的。……制造一部老型汽车的工时，从 12 小时零 8 分钟减少到 2 小时 35 分钟……流动装配线很快就成为现代化大量生产最著名的标志。"①

大中城市集聚的外部经济效应的产生和发挥作用是有条件的，忽视这些条件，事物的发展就会走向反面。过度集聚就是一种不合理的集聚，把在经济上确实联系密切的区位单位过度密集地配置在一起，也同样会造成不经济。这是因为任何一个城市在一定时期内可以承担发展的能力总是要受到该地区优势最大利用限度、重要区位因素短缺和最优发展规模方面的限制，超过这些限制，必然造成拥挤，增加成本，降低经济活动的效率。经济学中把这种由于"拥挤"带来的成本，称为"拥挤成本"。使用已被许多人使用的设备或服务时，就会对现有使用者增加成本（并不必然是货币成本），并会引发各类问题，如大中城市企业、人口、建筑物过密会产生一系列城市问题：城市噪声、交通阻塞、住房紧张、卫生条件恶化、环境污染，等等。

大中城市经济集聚中的负外部性是普遍存在的，负外部效应存在的一个基本原因是：每个人或企业都在个人或局部的立场上，力求使自身利益最大化。在眼前利益的驱使下，有的人尽可能地享用公共资源，尽可能地将公共资源转变为私有财富，从而最终使全体社会成员的长远利益受到损害。大中城市集聚过程中的外部性最典型的例子莫过于自由排放条件下的环境污染。假定某个工厂排放的废气对社会是有害的，同时这种排放是免费的，由于安装净化设备会增加产品成本，于是，追求效益最大化的企业几乎必然地选择免费排放的道路。如果每个企业都追求

---

① 钱德勒. 看得见的手：美国企业的管理革命 [M]. 重武，译. 北京：商务印书馆，1987：187.

免费排放，其实就是把本应由企业负担的部分成本转嫁给社会。每个企业都努力地向外部转移成本，各企业产生的外部性并不相互抵消，而是在环境中累积起来，从而导致环境恶化。

综上分析，大中城市过度集聚和负外部经济效应的存在，削弱了集聚经济效果。如果说经济集聚为大中城市集聚规模的扩大提供了吸引力和推动力，那么集聚效应的外部性则构成空间集聚的排斥力和约束力。由于小城镇是连接城乡的桥梁，自然成为城市生产力向外辐射扩散的承接地，也是小城镇经济发展的重要动力。

引导乡镇企业向小城镇集聚是一种投入低、效益高、切实可行的发展路子。建议采取以下几方面措施：一是加大政府支持力度，制定一系列相关政策促使乡镇企业集中。完全依靠市场竞争方式来逼迫乡镇企业集中，其过程非常缓慢且代价更大。政府要采取各种优惠政策，杜绝乱摊派，降低进镇"门槛"，吸引企业集中。二是形成乡镇特色的工业开发小区。通过工业开发小区的建设，引导乡镇企业进区集中，推动乡镇工业规模经济的发展，并由此带动乡村城市化。三是通过企业间的兼并、重组、联合，优化产业结构，实现规模化发展。中国乡镇企业存在产业同构、低水平竞争的现象，乡镇企业向小城镇集中，为企业间的兼并、重组、联合提供了良好的机遇。

二、区位优势是经济发展的有利条件

"区位"一词最早源于德国经济学家杜能（Thünen），主要用来讨论农业区位，此后，韦伯（Weber）完整地论述了工业区位，解释了运输成本、劳动力成本和集聚因素对工业区位的影响。"区位"发展到今天，可指"场所""定位""分布"等，一般可理解为某一事物或行为主体所占据的场所。结合小城镇作进一步理解，小城镇区位是指小城镇在以地理空间为背景，由相关的经济、社会活动所构成的社会经济空间中所处的位置。小城镇区位客观上反映的是某种经济和社会活动与其他相关活动在地理空间距离约束下发生相互作用的机会和程度，是一种由地理空间位置所标识的社会经济空间位置以及两者共同作用所赋予的小城镇经济、社会发展效益和效率的差别。[1]

发展中国家大城市地区的疏散理论认为，在大城市周围50千米的地带可成为疏散成长地区，位于此环带的小城镇才有希望发展成为反磁力中心。因此，对处于中心城市强影响下的小城镇来讲，一定要注意下列两点：一是小城镇必须主动实现与中心城市功能的整合，将空间邻近的区位优势转化为经济生态优势，积极吸引中心城市要素的扩散，尤其是物态的生产要素和信息、资金等非物态要素，以自身发展的特色与独特的功能确立不可或缺的地位；二是广泛建立与周边区域众多城镇间的联系，寻找更多的发展机遇，珠江三角洲、长江三角洲诸多小城镇的迅速及稳定成长即得益于此。[2] 位于大中城市圈以外的小城镇处于大中城市的辐射范围之外，其发展相对独立。由于不能或很少接受到大中城市人才、资金、信息、物质、能量的辐射，而与农村联系较为密切，其发展可以说是内生性的，缺乏外生因素的激发，发展较为缓慢。这类小城镇应注意搞好产业发展规划，而不是物质形态的规划。

城镇空间相互作用的均衡点是小城镇产生和发展的最佳区位点。所谓均衡点是指两个以上城镇空间相互作用力相等的地点。得出这一结论的主要依据有：（1）引力平衡点的外界干预力最小。均衡点意味着外界城镇在此点竞争力和吸引力相互抵消，受两个城市及外部的各种干预最小，最容易独立发展，因而有利于小城镇的发展。（2）对外联系便捷。在该点上与各中心城市进行联系的代价是相等的，可选择的余地较别的地点更多，容易与外界更广泛地联系。例如，安徽省六安市叶集区地处皖、豫两

---

[1] 张鸿雁. 侵入与接替：城市社会结构变迁新论 [M]. 南京：东南大学出版社，2000：36-45.
[2] 袁中金，王勇. 小城镇发展规划 [M]. 南京：东南大学出版社，2001：46-75.

省接合部，是安徽省重要的西部门户。东至六安市区约 65 千米，北至霍邱县城约 78 千米，西至河南省商城县城约 76 千米，处于三地引力平衡点位置。对于六安、商城、霍邱来讲，意味着它们的商品市场均可以覆盖到叶集，但均要进行一番竞争与抗衡，在竞争中若无行政因素的干预，三方均不会取得明显优势。这样就使六安争夺东部，霍邱争夺北部，商城争夺西部市场更合算。三个中心城市的引力平衡点就在此形成了干预最小点，使叶集更容易自己进行商品生产，开拓自己的市场。与此同时，对于叶集而言，到三地进行经济活动的效果与费用比是相等的。综合上述分析，我们可以认为，引力平衡点是小城镇形成与发展的最佳区位。

长期以来，中国城镇等级与其生产管理经营权基本是一致的，级别越高的小城镇，其行政地位越高，自主权越大，所能支配的人、财、物越多，城镇发展的资源越丰富，发展的空间辐射得越广。在社会主义市场经济体制下，国家宏观调控、财源分配与行政地位有关。如果行政地位过低，领导力量薄弱，许多财源旁落，城镇发展就会受到束缚。而随着小城镇生产力的高度发展，经济实力的增强，必然要求在行政管理、项目审批等生产管理方面有更大的权力，要求扩大原有行政区域，争取行政地位升级，为其提供足够的发展空间。

为充分发挥小城镇的区位优势促进经济发展，可采取以下措施：(1) 并点升级。即两个或两个以上的小城镇组合为一个更高规模层次等级的小城镇（市）。(2) 兼并。由富裕的小城镇"兼并"落后的小城镇或村落，实现资源互补、利益共享。需要注意的是，因打破了行政区域界限后而形成的"插花地"和"飞地"现象。(3) 乡镇合并。多见于小城镇的区域范围是乡政府所在区域的一部分，打破乡、镇行政壁垒融合为有机整体。(4) 购买。当小城镇发展受到空间限制时，经济实力雄厚的小城镇便采取"购买"的方法，把它所需要扩展的区域从其原在的城镇行政中购买过来，归自己所有。(5) 并乡建镇。把相邻的几个乡镇合并起来，建立一个中心镇。在交通不发达的条件下，不宜大范围推行，并乡建镇意味着提高农民进镇的成本。

三、利益驱动是经济发展的直接原因

从客体角度看，小城镇经济集聚是生产要素或资源向优势地理区位运动、集中的过程。从主体角度看，则是经济行为者谋求对自身最有利的地点来发展的过程，这些地点必然具有某种先天的地理上的优势和生产效率方面的优势。不同空间上存在的比较优势形成的势能差，只是经济集聚的必要条件，只有存在利益关系的前提下，才可能发生相互作用，导致要素的实际流动。

一般来说，追求比较利益可以将部分区位单位定位为特定区位。因为在比较利益高的区位上经营可使企业获得在其他区位上通过其他方式所无法得到的价值盈余。因此，在不存在人为的空间进入障碍或制度性的条件下，市场主体将会选择预期收益高、比较优势显著的区位。在这种区位上，生产费用等组成的总成本低，收益最高。众多市场主体共同选择的某一区位，必定导致进一步的空间集聚。就小城镇而言，比较利益结构体现为它的要素比较优势、产业比较优势和竞争优势。小城镇发展的成功与否，在于它能否判断自己生产要素的比较优势并将其转化为产业的比较优势，且能够适时调整产业结构以确保其产业优势，进而通过产业优势来推动小城镇的人口集聚、产业集聚与基础设施建设，从而全面推进小城镇的社会经济进步，赢得小城镇的综合竞争优势，在区域竞争中获胜。

互补利益是建立在比较利益的基础上，它是小城镇集聚动力的组成部分。作为集聚主体的区位单位，只有利益互补才能发生正常的相互作用与联系。互补利益产生于产业空间联系中，早在1898年，英国学者马歇尔（Marshall）对产业联系曾作过这样的论述："一旦一种工业选定某个地方，辅助的同种工业向它靠近，得到很大的优势，可以经济地提供原料、组织交通、共同利用昂贵的机器。……如果一人有了新思想，可以很快被别人接受过去并结合自己的意见，成为更新思想的源泉。"[1] 这种空间联系是由共同利用基础结构，或同被廉价劳动力等要素的吸引而形成的，这种联系具有互补性。

乡镇企业"遍地开花"，造成污染由点及面向农村蔓延，许多地方所受污染已经超过或接近其能承受的自然净化能力。粗放的生产经营、较低的技术门槛和环境治理成本，曾经是许多乡镇企业赖以成功的条件，但现在已成为其生存和发展的障碍。只有认真贯彻小城镇可持续发展战略，才能从更高层次上实现小城镇环境、经济与社会的良性循环和协调发展。为此可采取以下办法：一是坚持开发建设与加强环境规划相统一。在制定城镇建设规划时，要充分考虑城镇工业布局、产业结构和污染物排放总量的辩证关系。"先污染，后治理"的发展模式已为中国国情所无法承受。二是坚持环保教育与环保监督管理同步。把普及环保知识同培养专门环保人员结合起来，在加强环保监督的同时，抓好全民教育，帮助居民树立环境道德意识。三是坚持污染治理与依靠科技进步相结合。在农村工业化过程中，采取先进工艺，发展和推广"清洁生产"，警惕大中城市因污染严重而淘汰的行业和机器转移。在农业发展中，必须把发展和推广生态农业作为战略措施来抓。

四、产业结构转换是经济发展的直接动力

农业生产率的提高和农业剩余的产生是乡村城市化的前提条件和基础，农业资本的剩余为工业化提供最初的原始资本积累，农业劳动剩余为工业化提供必要的劳动力，农业产品的剩余提供非农业人口生活消费所必要的食品和工业生产所需要的原料。世界各国的经验证明，乡村城市化的基石是农业从弱质到强质、从传统到现代，积极推进农业产业化。乡镇工

---

[1] 马歇尔. 经济学原理 [M]. 陈良璧, 译. 北京：商务印书馆, 1997: 206.

业（主要是乡镇企业）是乡村城市化的发动机，尤其在工业化前期，工业化是城市化的主动力。在工业化完成后，第三产业发展尤其是以高科技为依托的第三产业的发展业已上升为乡村城市化进一步发展完善的主导产业和后劲力量之所在，能吸收更多的农民进入小城镇，从事饮食、运输、信息、旅游等服务行业，促使小城镇成为商业区和商品集散地。

小城镇建设、乡镇企业发展和农业产业化经营三者之间具有高度的相互关联性。乡镇企业和农业产业化是小城镇的经济基础，为小城镇的建设与发展提供新的强大动力，有力地促进了小城镇的发展与繁荣。如果没有小城镇作为载体和依托，乡镇企业的发展和农业产业化将会受到空间与环境的制约；反之，农业产业化和乡镇企业发展薄弱，小城镇建设就没有坚实的经济基础，就不可能有兴旺的小城镇。通过推进农业产业化经营，随着主导产业规模优势的集聚和不断壮大，必将吸收大中城市的先进技术、科技人才、资金设备等向农村流动，与农村的土地、劳动力等资源实现优化组合，城市工商、金融企业与农村产品基地的农户结成利益共同体，进而提高农民劳动效率，并引导富余劳动力向城镇非农产业不断转移。富裕的农民为寻求剩余资本的滚动发展，加上自身对城镇现代文明的向往，他们也会促进小城镇的发展。同时，农业产业化也促进了农村工业特别是农业企业的大发展，促进农民的思想价值观念、思维方式、生活方式等逐步向现代文明转变。

当前，大中城市正处在产业结构升级和功能转换期，主要是中心城市功能正由生产型转向管理服务型，产业上第三产业逐步取代第二产业的地位。"退二进三"是一个形象的产业升级的步骤，并且第三产业向市中心区集聚，而第二产业则向市区外围扩散。德国思想家韦伯在《工业区位论》一书中指出了城市工业集聚与扩散的原因："这些分散因素都随土地价值的增长而增长，因为伴随集聚产生了对土地需求的增长。需求的增长不仅提高了土地的边际利用的重要性，而且提高了投机商边际利用的贴现率。分散的趋势都是从经济地租的上涨开始的。因此，我们可以把分散因素作为经济地租的各种结果来分析。"①韦伯的论述说明了传统的城市产业集聚使城市中心区域的土地价值增高，为了降低成本，企业必然到土地廉价的郊区或小城镇寻找发展之路，因此，城市结构向郊区或小城镇发展的原因是它们能够为工业发展降低成本。郊区或小城镇空间开阔，地价低廉，能够满足私人住宅和工业企业，特别是大型企业的需求，在国家推出新的产业政策的同时，随着市场经济关系的深化，"市场性取向"的价值规律构成产业结构变迁的配置机制。或因地价，或因环境，或因劳动力供应及专业化和协作配套生产等需求，很多企业纷纷移向郊区或小城镇。产业结构变迁必然导致产业区位变迁，产业在原城市外围发展与郊区化的过程互为里表。例如，中国广州东莞、惠州等城市，数千个中小企业集聚在一个地区并向城市外围扩张。美国"雪域地带"大都市区的中心城市在20世纪的大部分时间里一直经受着制造业的丧失，这一历史过程是美国社会产业变迁与郊区化的真实写照。②

目前，小城镇的产业结构状况不容乐观，主导产业不突出，乡镇企业还没有形成独具特色的产业结构体系。大部分乡镇企业中加工工业发展超前，新技术、新兴产业滞后。小城镇产业发展要从市场需求、国家产业政策和各地的优势出发，合理调整和优化产业结构。积极带动第一产业，调整优化第二产业，加快发展第三产业。为此，要把握好以下三个方面：（1）建立与农业产业化经营相适应的小城镇工业体系。乡镇企业要把农业产业化经营作为占领城市市场与增加出口的重要途径，把发展农副产品加工业作为结构调整的重点。充分利用农副产品优势，大力发展农副产品加工业和储藏、保鲜、运销业，以乡镇企业为龙头，实行种养加、产供销一条龙，贸工农一体化经营。（2）因地制宜选择主导产业。

---

① 阿尔弗雷德·韦伯. 工业区位论 [M]. 李刚剑，等译. 北京：商务印书馆，1997：121.
② 张鸿雁. 侵入与接替：城市社会结构变迁新论 [M]. 南京：东南大学出版社，2000：461-467.

小城镇应根据各地的资源优势、经济水平、区位优势调整产业结构。经济落后的小城镇应坚持以资源为依托，开发附加值高的、适合本地种植和销售的一条龙的项目；发达小城镇应改造和提高传统产业，大力发展新兴产业，开发"三高"产品，由劳动密集型向技术密集型转变。（3）培植和发展与城市工业结构互相补充、协调发展的行业和产品，从而解决与城市企业同构性问题。小城镇产业要立足于农村开拓市场，根据农民生产、生活需要，开发适销对路的工业产品，避免企业"小而全"、"小而散"、重复建设、产业结构雷同现象。

第三节 徽州古村落的经营管理模式

我国遗产资源归社会主义全民所有，国家作为公众的代表占有这些资源，但这并不是说国家所有制就不能探讨产权新的组合方式和公有制的实现形式。长期以来，由于我国世界遗产资源经营体制复杂、政出多门、重申报、轻管理，等等，使得世界遗产资源专业化经营水平低、市场适应性差、可持续发展后劲不足。当前，一些新的经营模式正在各地探索，已经形成世界遗产资源的整体租赁经营模式、股份制企业经营模式、上市公司经营模式。可以预见，随着我国旅游业的蓬勃发展和改革的不断深入，新的模式将会层出不穷。基于上述背景，本节在简要介绍西递、宏村古村落经营模式的基础上，探讨实行股份合作制的必要性和具体模式设计，为我国其他遗产资源经营模式提供借鉴。

一、西递古村落的经营模式

1986 年，黟县县委、县政府为抓住黄山旅游开发的契机，决定同时开发本县境内的古村落西递和宏村，成立由县委书记和县长任双组长的

"黟县旅游资源开发利用领导组",拉开了黟县旅游创业的序幕。西递村在大队书记的带领下,成立了村办旅游公司,积极开展外出取经、宣传促销、挂靠旅行社等一系列灵活的经营方式,并通过文化界人士以及专家学者的宣传,使西递的知名度不断上升,旅游业逐渐走上正轨。

2000年底,安徽省黟县的西递、宏村古村落被联合国教科文组织列为世界文化遗产,从此两村旅游业驶上快车道。时至今日,主理西递旅游经营开发的是本地的乡镇企业。每年企业的门票收入,除了上缴税收、文物保护基金等之外,企业与西递村按照1:1的比例分配。在西递村的利润收成中,除20%留作村集体公益事业基金之外,其余的80%在村民之间分配。村民之间的收入分配由两部分组成:按照西递村的人口分配(以下简称"人口分配")和按照西递村房屋建筑面积分配(以下简称"房屋分配"),两者的比例为4.5:5.5。

西递村"人口分配"以"门前三包、环境保护费"的方式发放,分成三种:全额享受(100%)、部分享受(40%)和免予享受。2000年西递村委会执行的"人口分配"方案内容如下:

(1) 符合全额享受的标准有:①户口在村、常住在村的农业人口;②外出读书、打工的本村人口;③本村现役义务兵、复员退伍军人;④户口在村、在外居住但本人仍回村从事承包水田的农业生产劳动者或者年老依靠子女生活者。

(2) 符合部分享受的标准有:①迁入、迁出、出生、死亡按户口出入月份计算月数;②夫妇户口有一方在村,其户口在村并在村生活的子女享受份额减半(全家在村常住户除外);③未满14周岁并持有光荣证的独生子女按每月男孩5元,女孩6元予以补助,夫妇户口一方不在本村,其补助减半;④在村有常住居民户口。

(3) 免予享受的标准有:①不在该村注册的户口和非农户口;②户口在村、已在外定居生活两年以上者;③暂落在村的外迁户口。

西递村"房屋分配"以"古建筑资源保护费"的形式发放，具体规定如下：（1）以新中国成立为时间节点区别民居中的老屋、新屋。（2）以2000年12月房屋测图时的现状和用途定格。（3）到2000年12月31日止未经审批擅自新建住房不享有古建筑资源保护费。（4）在联合国教科文组织考察西递村（2000年2月）以后，新建的、未完工的以及拆修未恢复原来外观和结构的房屋，均不享有古建筑资源保护费。（5）古建筑资源保护费的发放以平方米为单位。（6）古建筑资源保护费按照以下三种比例发放：①西递村人称其为"老屋"的按100%发放，包括祖屋、厨房、偏厅等主要人居生活住宅；②西递村人称其为"新屋"的按60%发放，包括新中国成立后至联合国教科文组织考察西递村时所建，测图时业已建造完成的主要人居生活住宅；③其他的按20%发放，主要指蚕室、杂房、生产用房等。

西递村的旅游公司是具有浓烈乡土气息的乡镇企业，容易唤起村民对旅游公司的主人翁意识，使公司的发展拥有强大的群众基础。"人口分配"考虑到西递村民为西递民俗旅游所作出的贡献，相比仅仅欣赏几栋徽派建筑，游客们更愿意看到于其中活动着的徽州社会场景，从这个意义上说，它是对村民的休息权、劳动权和居住权的补偿。以"古建筑资源保护费"形式发放的"房屋分配"是对村民的房产权、公共景物所有权等的有偿使用以及对古民居日常维护和修缮之用。西递村村民已充分认识到保护其"致富之源"——古民居的重要性，自觉投身于其中。2002年6月，由西递村老年协会倡议，全体村民积极响应，联合签名，自觉承诺保护世界遗产，并向联合国秘书长发去电子邮件。

不可否认，西递旅游公司在西递旅游创业的早期，功不可没，但在市场化程度日益复杂的今天，其经营体制上的问题也慢慢暴露出来：首先，西递旅游公司在财务开支、人事安排、旅游开发等一系列重大事情上都由少数人控制着，村民自治作用式微。其次，西递村"两委"与旅游公司是"一个单位两块牌子",党政不分,政企不分,亦官亦商,往往会导致官员利用手中的权力为自己所掌握的企业服务。最后,西递村的"人口分配"和"房屋分配"也需进一步完善。虽然老屋、新屋、生产用房等分红采取了价格差异的形式,但在现实中,有的老屋面积不大,新屋、生产用房面积却很大,以致新屋和生产用房的总分红超过须重点保护的老屋。

二、宏村古村落的经营模式

从1986年到1996年的11年间,宏村的旅游主要由县旅游局创办经营,出于种种原因,效益不理想,经营困难。为改变这种尴尬局面,1997年,当时的宏东村和宏西村模仿西递村模式联合办起了自己的旅游公司,开始了宏村旅游村办经营和承包经营相结合的阶段。对宏村这棵"摇钱树",很多外地商人早就在打主意。1997年9月,黟县政府同北京中坤公司签订了转包宏村旅游经营开发权的"黄山市黟县旅游区古民居旅游项目合作协议书",而宏村村镇两级干部对此均不知情。1998年,黟县政府单方面终止了宏村村办旅游合同,中坤公司强行进驻宏村。1999年,宏西村和宏东村两村村主任迫于上级行政压力,在县主管单位和旅游公司事先拟订的经营开发合同补充协议中签字,并被要求对协议内容不得持有异议。在此补充协议中,中坤公司下属的京黟公司为甲方,宏村(包括宏东村与宏西村)为乙方,宏村的上级镇际联镇(现更名为宏村镇)政府为丙方。京黟公司享有对宏村旅游开发独家经营权30年不变。宏村全体村民于2000年、2002年两次分别向黄山市中级人民法院、安徽省高级人民法院联名提请诉讼,控告黟县人民政府侵权行为,但最终均以"该案村民状告政府侵犯经营自主权缺乏相关事实依据"为由"不予受理",并以"终审告终"。

在1999年中坤公司和宏村签订的"宏村旅游开发补充协议书"中规

定：门票收入的 95% 归旅游公司；旅游公司每年支付给作为乙方的宏村人民币 9.2 万元，并将每年门票收入的 1% 支付给宏村；旅游公司每年支付给丙方人民币 7.8 万元，同时支付每年门票收入的 4%。在宏村村民控诉黟县政府侵权的压力下，2001 年，县政府与中坤公司双方修订了合同，旅游公司将 2002 年门票收入的 33% 支付给黟县：其中 20% 以"文物保护基金"名义支付给黟县政府；13% 支付给宏村村镇两级单位（其中 5% 支付给宏村镇，8% 支付给宏村）。在宏村所得的旅游门票收入的分红中，总金额不多，且宏村人口多于西递村，在实际操作中只得按照宏村的农业人口分配。

中坤公司人员文化水平较高、懂经营管理、善于营销，较之西递旅游公司要胜出一筹。以门票管理为例：在宏村，凭借当地任何领导的条子、招呼来免费游览的游客都会无情地吃上"闭门羹"。每天接待的 VIP 的人数也被严格控制。这样的管理措施，在人情关系复杂的西递村是不可想象的。中坤公司仅依靠这项铁腕措施就堵住了大量的门票收入流失。

这几年，宏村经济效益的提高，并不能完全归功于中坤公司的经营管理，而更多的是依赖于宏村自身要素禀赋优势，宏村拥有全方位的文化遗产资源，特别是它独一无二的水系使宏村充满了灵性。再加上荣获国际大奖的《卧虎藏龙》多处外景在宏村拍摄，使宏村比西递村具有更高的国际知名度。在宏村，138 幢古民居中除了"承志堂"在土改运动时被定为地主财产而没收，如今产权属于国家之外，其他的 137 幢均是私有的；水口、水圳、月沼、南湖构成的完整水系都是宏村村民世代修建、维护而保存至今的；毋庸置疑，宏村村民对此拥有 100% 的产权。在黟县政府和中坤公司签订的这份合同中，并没有宏村产权的当然归属者宏村村民的参与甚至知情。文化部、建设部、文物局等部门发布的《关于加强我国世界文化遗产保护管理工作意见的通知》规定：不得违反国家有关规定，将世界文化遗产租赁、承包、转让给个人、社会团体或企事业单位经营。已经租赁、承包或转让的,省级人民政府要进行检查,对违规的要限期纠正。对因失职、渎职行为造成世界文化遗产破坏的,要追究有关领导和责任人的责任。行政法专家朱芒在评论此合同时认为:"这个合同明显侵权,合同双方无权处理第三方资产,宏村的古民居产权是村里的,公司应当与村和每户人家签约,当地政府机构把管理权与所有权混为一谈,这是常识错误。"[1]

现代的世界遗产资源经营管理与过去相比已有很大发展。已由过去的偏重保存,发展为同时关注使用和保护;经营问题、市场问题、可持续发展问题等均成为现代遗产资源管理的主题。这一切都要求遗产经营管理应当与时俱进、制度创新。

三、股份合作制经营模式设计

股份合作制是指依法设立的,全部资本分为等额股份并以职工股份为主要构成,股东按照劳动合作与资本合作相结合的原则享有权利和承担义务,企业以全部资产对企业债务承担责任的经营模式。这种结合体,呈现出两重性的特征:一方面是股份性,指企业的产权归属于参加资金联合的劳动者,以资定权,追求资产收益,实行按股分红;另一方面是合作性,指企业的主体由参加联合劳动者共同组成,以人定权,追求广大劳动者的共同得益,实行按劳分配。

股份合作制对规范、发展世界遗产资源西递、宏村古村落具有重要意义,具体体现在:第一,明确产权关系。原有的古村落为公有财产,随着农村集体经济的发展、资产的变迁及自我积累,原始产权往往变得含糊不清。通过实施股份合作制,各方产权以股份形式加以明确,尤其能以股权形式确认村民的房产所有权,产权不清的问题自然就消除了。第二,聚集生产要素。西递、宏村古村落旅游公司发展困难之一就是缺

---

[1] 翟明磊. 宏村之痛 [N]. 南方周末, 2002 – 03 – 21 (3).

少资金，通过股份合作制，可以广泛吸收各方面资金、物力，甚至是技术等生产要素，形成多方投资的机制。第三，增强古村落村民的主人翁意识。通过股份合作制，可使每个人真正体会到自己既是企业的所有者，又是企业的劳动者，形成与企业风险共担、利益均沾的机制，从而提高村民个人的主人翁责任感和村民自治中的参与率。第四，转换经营管理机制。通过实行股份合作制，可以使旅游公司变为真正自主经营、自负盈亏的市场主体。

这里从股权设置、收益分配和民主管理三方面对西递、宏村古村落试行股份合作制进行模式设计。

（一）股权设置

股权设置就是实行古村落村民持有或以村民持有为主的股份合作制企业，这包括两方面的含义：一方面，绝大多数村民要持股；另一方面，企业股份的绝大多数由村民持有。如果只强调任何一个方面，而忽视另一方面，均不能保证股份合作制的性质。具体内容可作如下安排。

1. 股份种类

鉴于目前西递、宏村的实际情况，股份合作制企业可设立公有（国家和集体）股、法人股、个人股（职工个人股、社会个人股）和外资股。宏村的古民居、古水系、古道路等公共设施都是宏村的先人建造的，它的产权归属应与全国行政村公共设施的产权归属一样，属于全体村民集体所有。外来投资者购买古民居，使之能得到及时抢救维修，也应是合法的业主。政府以国有资产入股。法人以资本入股。有条件的还可吸收外资入股。

2. 村民个人股在企业股权中应占主导地位

村民个人股在企业股权中应占主导地位包含三方面含义：第一，村民持股的相对全员性。必须有80%以上的村民持股，非股东人数应限制在20%以内。第二，村民持股相对均衡。股份合作制企业经营者持股比例大的做法欠妥，这可能产生经营者固化现象，难以实现权力制衡，从而导致"经理人控制"，影响村民的积极性。第三，村民集体控股。股份合作制企业为发展的需要可以对外筹集资金，但全体村民持股必须处于绝对控股的地位。这样企业的重大决策权仍掌握在全体村民手里，否则，股份合作制企业的性质就会发生改变。

3. 股权开放程度

股份合作制是合作制与股份制有机融合形成的新的企业组织形式，股份制可以对外筹资，合作制只能对内筹资，股份合作制就既可对内筹集资金，又可对外筹集资金。也就是说，在保证股份合作制企业村民股在有表决权的股份中占绝对优势的情况下，可对外发行有表决权的普通股（社会个人股、法人股），但数额应控制在有表决权股份总额的1/3以内。除此之外，企业还可向社会发行无表决权的优先股股票，只有坚持股份合作制的开放性，才能有利于消除其筹资方面的局限性。

4. 股份合作制企业股权流动性

第一，在退股问题上，股份合作制企业成立后，股东不得退股。这是因为股份不同于借债，不得退股是为了维持企业资本的稳定性。第二，在股权转让问题上，股份合作制企业可作如下规定：（1）法人股、社会个人股可以自由转让。（2）村民个人股可以在村民之间转让，但仍应符合多数人持股原则。（3）董事、监事、经理的股份在任期内不得转让。（4）当村民迁出、死亡、参军、升学时，其股份可依次采取三种处理方式：一是转让给内部股东村民或非股东村民，继续作为普通股；二是转让给社会个人或法人，但要变为优先股；三是本人继续持有或由继承人持有，但要变为优先股。第三，在扩股问题上，企业可以采用先内后外的原则。

（二）收益分配

在股份合作制企业的收益分配过程中，除了坚持一般分配程序及同股同利的原则外，还应坚持按劳分红与按股分红相结合的原则。至于两者具体分红比重，可由企业章程规定或企业职工股东大会作出决定，可按7∶3或者8∶2（在企业分配普通股红利时，应拿出应分红利的30%或20%进行按劳动数量、劳动质量如工龄、岗位、责任、贡献等）进行分红。需要指出，分红比重一经确定，不能随意变更，否则将会导致股份合作制企业规范有序运行的愿望落空，难以使劳动与资本实现均衡。

（三）民主管理

实行以村民股东大会为基本形式的民主管理制度，劳动者享有平等权利是股份合作制企业的特点之一。为了充分体现这一原则，股份合作制企业应以合作制民主管理和股份制的股份民主管理为基础，形成村民参与和股权制约相结合的民主监督体制。股份合作制企业要设立"三会一层"即村民股东大会、董事会、监事会三会，厂长（经理）层。这些机构权责明确、相互制衡、有激励也有约束。需要指出的是，股份合作制企业村民股东大会应实行一人一票与一股一票相结合的表决制度，这是决定股份合作制性质的重要方面。可以根据按股投票与按人投票的各自比重进行计算，两者之比可以确定为7∶3或8∶2等。该比重之比可由村民股东大会作出决定（一经决定，不可随意更改），并且应与前述的按股分红与按劳分红的比重相同，这也体现了责权一致原则。

第四章

社会工作评估

CHAPTER 4

社会工作评估是指运用科学的研究方法和技术，系统地评价社会工作的介入结果，总结整个介入过程，考查社会工作的介入是否有效、是否达到预期目的。本章第一节侧重于全面性评估，分析非营利组织培训公务员的能力、需求、过程、影响和建议。第二节侧重于可行性评估，对中外合作办学进行SWOT分析并指明风险。第三节侧重于影响性评估，分析音频党课的直播效果。

第一节　非营利组织培训公务员项目评估[*]

党校、行政学院、干部学院是我国干部教育培训的主阵地，但在新形势下这些主阵地的发展既面临机遇又面临挑战，一些综合性大学和跨国公司千方百计地吸引干部培训项目，它们在知识技能培训等方面优势明显。中央组织部原部长李源潮在第11次全国干部教育联席会议上发表重要讲话，强调按照建设学习型政党的要求，积极推进干部教育培训改革创新，增强针对性实效性，更好地为科学发展和干部健康成长服务。[①] 2019年7月2日至8日，上海市浦东新区人力资源和社会保障局探索"政府购买服务"的新模式——首次委托非营利组织希望学院培训公务员干部。[②] 这次培训的主题是"关注民生，构建和谐社会"，宗旨是提高基层公务员干部的职业能力，目标群体是上海市浦东新区24个街道的29位民政和劳动科的干部。这是浦东新区政府和非营利组织共同探索社区干部培训的新尝试，培训效果如何？需要进行科学的评估。为此，浦东新区人力资源和社

---

[*] 本节与徐大慰共同撰写，系横向课题成果。
[①] 李源潮.增强干部教育培训的针对性实效性［N］.学习时报，2010-03-29（1）.
[②] 本书对该非营利组织名称、培训时间等作了技术处理。此文旨在进行学术探讨，并非对该非营利组织加以评价。

会保障局邀请第三方进行独立评估，笔者参与了这次培训评估的全部过程并撰写评估报告。评估小组通过调查问卷、个别访谈、集体座谈等方式收集资料，在此基础上，评估小组全面评估了与这次项目相关的培训机构能力、培训需求、培训过程与培训影响，特意与党校培训公务员干部进行对比分析，提出了改进同类非营利组织培训的评估建议。

一、非营利组织能力评估

对机构资质的评估要考察其是否具备承担专业社会服务或某种特殊社会服务的条件，以向政府主管部门报告或向社会公布其资质条件。[①] 就某个具体的培训项目而言，机构能力直接影响着项目的实施与项目的结果，因此，培训项目评估需要考察机构能力。"关注民生，构建和谐社会"项目的培训机构是希望学院，下面将对希望学院的机构构成、机构资源、机构运作、机构定位等方面进行评估。

（一）机构构成

希望计划是一项全国性、推促性的社会公益事业，它的发起单位是中国青少年发展基金会和中国国际人才交流协会，两个发起单位共同组建了希望计划领导小组。希望计划领导小组是一个不脱产的机构，实际的工作机构是希望办公室，后来改为希望学院。希望学院下辖综合管理部、合作培训部和项目合作部。希望学院有工作人员二十余名。从年龄结构上看，工作人员最大的60多岁，最小的20多岁，老中青结构合理。从文化结构上看，大部分工作人员具有硕士及以上学历，有着较好的文化素养与团队精神，这保证了机构的创新能力和发展后劲。从专业结构上看，有从事管理学、社会学、心理学等专业技术职称的人，有海外留学或海外工作经历的人，其中院长享受国务院政府特殊津贴。

[①] 顾东辉. 社会工作评估 [M]. 北京：高等教育出版社，2009：18.

（二）机构资源

希望学院有良好的硬件设施。学院有多媒体教室、展览厅、办公室等。办公面积充足，各种办公条件一应俱全。希望学院的资金收入由三大部分组成，包括社会资助、服务收入以及其他收入。其中，社会资助是主要部分，包括政府资助、企业资助和个人资助三项，此次评估项目的运作资金就是政府资助的。希望学院有丰富的社会资源：首先，国家有关部门以各种方式直接支持希望学院开展浦东计划。上海浦东新区为浦东计划提供全部资金支持。浙江、江苏的一些县、市为希望学院提供了教学实践基地。其次，希望学院与上海浦东新区党校建立密切联系，后者从一开始就参与了浦东计划的设计，并为浦东计划的实施提供各种必要的条件。再次，希望学院得到了社会支持。希望学院的师资储备量约为160~200人，这些教师来自高校、政府、企业，也有上海市和其他省份的知名人士。最后，希望学院发挥品牌效应。希望学院现有两大品牌公益项目：西部人才工程和农村能人工程，受到社会各界人士的肯定。

（三）机构运作

希望学院的机构运作有几个重要特征。其一，机构领导层负责机构发展战略和重大项目的决策。其二，一旦项目确定，机构内部的各个部门能各司其职，做好项目；同时，如果项目实施的过程中需要较多的力量参与，机构的负责人与工作人员都会齐心协同做好工作。其三，在项目实施过程中，工作人员能对不同的意见求同存异，沟通合作。其四，希望学院在项目实施中能注意倾听学员的反馈意见，并尽可能对各种反馈意见作出及时的反馈。

（四）机构定位

希望学院是一所研究、传播、交流社会公共事务管理与工商管理科学理论与成功经验的高等研修基地。它以公共政策、公共管理为教学培养重点，是一所面向公共管理工作者与公共政策制定者的新兴高等进修学院。

（五）机构能力评估

其一，希望学院具有干部培训的成功经验。希望学院是希望计划"西部人才工程"和"农村能人工程"唯一指定培训的实施机构，被国务院西部地区开发领导小组办公室列为全国两大培训基地之一。自成立以来，学院接受国家部委和地方政府的委托，以县处级领导干部为主要培训对象，开设各类公共管理、工商管理等培训课程，受到国家有关部委的肯定与支持。希望计划西部人才工程培训项目在国家"十五""十一五"期间，被列入中央、国家机关部委和东部省市支持西部地区干部的培训计划。2004 年 11 月底，希望计划西部人才工程浦东计划第 30 期西部公共管理人才培训班结束，1126 名西部公共管理干部先后返回工作岗位，在西部大开发中发挥着举足轻重的作用。其二，希望学院具备干部培训的能力。希望学院具有丰富的社会资源，它受到国家有关部委、上海市政府、浦东新区政府的重视，在浙江、江苏的几个市、县有实践教学基地，拥有 100 多名高级专家学者的师资储备，具备良好的办学条件。其三，希望学院与时俱进地开发各类创新型培训项目。由于希望学院是一个非营利组织，组织小、人员素质较好、外部资源丰富、适应市场需求能力强，学院有条件随时根据委托方的需求设计培训方案，满足快速变化的培训需求。当然，其经济实力不足是一个制约因素。

二、公务员培训需求评估

需求评估是社会工作的出发点，也是其方案开发、计划执行和总结评估的基础，宏观社会工作的需求评估可以称为问题界定。干部培训是多方合作的项目，项目委托方、培训实施方以及学员对培训项目都有各自的需求，在多大程度上满足各方的需求是培训项目成功与否的重要标志。因此，培训需求是培训项目评估的重要环节。

（一）培训项目委托方的需求

本项目的委托方是上海市浦东新区人力资源和社会保障局，在它们制订的培训计划中,把本项目的目标概括为两个方面:其一,通过培训,使浦东新区从事民政、劳动和社会保障的干部能够学习和借鉴国内外的先进管理理念和经验,提高创新能力;学习和掌握本工作岗位的职业规范、专业知识和相关政策法规,提高专业水平和依法行政能力。其二,通过"政府购买服务",探索公务员培训的新模式。上述两个目标可以进一步分解为四个方面:(1)使学员掌握民政、劳动方面的基本理论知识;(2)使学员熟悉民政、劳动方面的基本工作方法;(3)使学员了解国内外关于民政、劳动方面的先进经验,培养基层干部的创新精神;(4)探索非营利组织培训党政干部的运行模式。

(二)培训项目实施方的需求

本项目的实施方是希望学院,学院的需求可以概括为以下两个方面:其一,公益需求。希望学院是一个以公益服务为己任的非营利机构,它在项目设计时就意识到,培训不仅要提供一流的师资、一流的课程、一流的服务,还要在服务中贯彻公益精神,因此,希望学院提出全新的办学理念:传播成功经验、更新思想观念;培育友谊亲和、促进交流合作。同时,它还创造了政府支持、民间驱动、社会参与培训模式,力求体现公益示范的作用。其二,建设与国际接轨的公共管理职业能力培训平台。希望学院公共管理培训的基本思路是:把政府公共管理看作一种职业,把政府部门人员对社会公共事务的管理能力视为一种职业能力。希望学院希望通过一次次培训的实践,提高自身开展这类培训的能力,让希望学院成为国内著名的、能开展与国际接轨的公共管理职业能力培训的重要机构。

(三)学员的需求

通过对学员的深度访谈、集体座谈和问卷调查,评估方全面了解学员对这次培训的期待。学员的需求可以概括为以下几个方面:(1)学习民政、劳动和社会保障方面的基本理论知识和基本工作方法;(2)针对日常工作中的重点、难点和焦点问题,如社区养老等问题,希望专家学者能从理论高度加以指导,并提供解决问题的思路;(3)学员之间多互动,集思广益解决工作中的重难点问题;(4)多用案例教学,不要过多宣讲空洞的理论知识。

(四) 培训需求评估

通过比较三方的需求可以发现,三方都意识到:培训应当使学员掌握民政、劳动方面的基本理论知识和基本工作方法;了解国内外关于民政、劳动方面的先进经验;培养基层干部的创新精神和职业能力。评估结果表明:其一,这次培训基本上实现了希望学院的培训目标。浦东新区人力资源和社会保障局、浦东新区各街道民政、劳动部门以较低的费用,完成了"关注民生,构建和谐社会"项目的培训,体现了希望学院作为非政府组织的公益性质。与此同时,建立公共管理职业能力培训平台是一项长期的工作,这次培训无疑为此创造了新经验。其二,这次公务员干部培训的设计、实施与评估过程是一次"政府购买服务"的实践,由于缺乏经验,通常各方不应当对初次尝试提出过高的要求。从这个意义上说,本次培训项目的成功实施实现了政府创新基层公务员干部培训模式的目标。其三,这次培训的学员都工作在第一线,他们关心的是日常工作中的重难点问题。在培训前,希望学院没有进行学员的需求调查,因此,本次培训的内容大多是普适性的基本理论知识和工作方法以及对上海市、全国乃至国际经验的介绍,与基层工作者的实际需求有一定的距离。

三、培训过程评估

过程评估是在服务提供或者项目执行过程中开展的一种评估活动,主要目的是"证明服务项目是什么和是否按照预期被送达给既定的服务接受者"[1]。培训过程一方面涉及培训师资与培训管理,另一方面涉及培训

---

[1] 彼德·罗希,马克·李普希,霍华德·佛里曼.评估:方法与技术[M].邱泽奇,王旭辉,刘月,等译.重庆:重庆大学出版社,2007:236.

方法（包括课堂教学、小组讨论与实地考察）与培训内容。我们将分别进行评估，重点是后者。

（一）培训师资与培训管理

希望学院根据培训需求精心选择授课教师，最后确定了以下几位同志：章某，上海市民政局社会福利处处长、全国社会福利标准化技术委员会委员，她主要从事社会福利管理与政策研究。黄某，上海市社会工作者协会副会长、上海市民政局社会工作处处长，曾长期在社区和社会团体管理部门工作。其撰写的学术论文被中国社会工作网、人民网、新华网等网站和《新华文摘》等刊物转载。宋某，民间组织"社区参与行动"的发起人和领导者。她担任"中国发展简报""工友之家""江苏绿色之友""重庆万州社区文化协会"等民间组织的顾问，北京"绿十字新农村建设指导中心"专家组成员。2005年她作为民政部社区建设专家顾问组成员参与了全国社区建设现状调研，对社区参与动员和参与方法在实践中的运用积累了丰富的经验，并在实践中取得了较好效果。同时参与授课的还有原野（Joern Geisselmann），德国人，社会学硕士，在北京的社会参与行动组织中任高级顾问；谢某，浦东新区民政局副局长。

希望学院注重培训中的管理工作。这次培训为期一周，其中五天半在希望学院的教室内授课，学员早出晚归，中午由学院提供快餐。一天半赴南京进行实地考察，在南京住宿一个晚上。在培训的开学仪式上，培训方为学员提供了此次培训的日程安排和授课提纲。值得注意的是，学院还制定了学员须知手册，从个人角色、恪守、尊重三个方面要求学员。在授课结束两周后，希望学院召开了结业典礼。委托方的负责人、希望学院的院长以及学员代表发言。结业典礼上，学院还给学员发了交流文章和通讯录。

（二）培训师资与培训管理评估

为了全面了解学员对这次培训管理工作的看法，评估方在培训结束时做了问卷调查,[①] 下面是有关统计结果:(1)工作态度。29 份问卷,非常好的 3 人,占 10.3%;相当好的 13 人,占 44.8%;一般好的 12 人,占 41.4%;不好的 1 人,占 3.5%;很不好的没有。(2)学习环境。29 份问卷,非常好的 1 人,占 3.5%;相当好的 5 人,占 17.2%;一般好的 18 人,占 62.1%;不好的 5 人,占 17.2%;很不好的没有。(3)生活条件。29 份问卷,非常好的 1 人,占 3.5%;相当好的 3 人,占 10.3%;一般好的 14 人,占 48.3%;不好的 9 人,占 31.0%;很不好的 2 人,占 6.9%。评估方认为:其一,培训班的师资都经过精心挑选,主要是学者型的干部,他们既掌握上海社区工作的全面情况,又能作出贴切的分析。宋某是一位多年直接从事社区工作的民间组织领导者,她可以从新的角度提供新的知识与工作方法。德国学者能够介绍国外的社区建设经验。因此,培训班的师资队伍是优秀的。其二,从开学到结业,学院认真做好每个环节,其中有些细节做得十分人性化。其三,班主任是培训管理的关键人物,但这次培训班配备的班主任很年轻,没有工作经验,与学员沟通不够,遇事缺乏应对能力,导致管理工作存在一些不足。

(三)培训方法与培训内容

课堂教学无疑是这次培训最基本、最重要的培训方法,因此,课堂教学的质量直接影响了这次培训的质量。为了更好地了解课堂教学的情况,评估方进行了问卷调查。对各位教师课堂教学情况的总体评价为:非常好的占 10.3%,相当好的占 57.9%,一般的占 31.1%,不大好的占 0.7%,很不好的没有。对各位教师课堂教学内容的评价为:非常好的占 9.7%,相当好的占 50.3%,一般的占 39.3%,不大好的占 0.7%,很不好的没有。对各位教师课堂教学方法的评价为:非常好的占 11.0%,相当好的占 49.7%,一般的占 37.9%,不大好的占 1.4%,很不好的没有。对各位

---

① 发放调查问卷 29 份,全部回收,合格率 100%,采用五级量表法,最后进行统计。

教师课堂教学基本功的评价为：非常好的占10.3%，相当好的占60.0%，一般的占29.7%，不大好和很不好的没有。在教学评估中，通常会通过权重计算方法分析课堂教学质量。常规的权重分配是：总体评价40%；教学内容30%；教学方法20%；教师基本功10%。根据这样的权重分析，这次培训的课堂教学非常好的占10.26%，相当好的占54.19%，一般的占34.74%，不大好的占0.81%，很不好的没有。

除了定量数据外，定性资料也为评估课堂教学质量提供了重要参照。社会服务对象在某种程度上也可能成为社会评估的主体，即他们也会参与对社会工作的评估。这一方面是因为在现代评估中比较注重服务对象在整个服务中的地位，并且社会工作特别强调以服务对象为本，由此社会服务评估常常采用参与式评估的形式；另一方面是因为在某些社会服务中，服务对象确实处于主体地位，从而评估必须有他们参加。[①] 学员在调查问卷上写下了意见，在个人感想中留下了看法，在访谈与座谈中讲述了观点。学员从总体上肯定了课堂教学："课堂授课好。""老师上课认真，深受启发。""理论性较好，有指导性，信息量大。""这次培训掌握了很多知识，了解了很多事情。""课堂上着重讲了方法、理念，这是我们缺乏的。""这次培训内容正是我所做的工作，很有帮助，如关于养老问题。"与此同时，学员也对课堂教学提出了自己的意见和建议："课堂授课密集度太高，许多知识来不及消化。""关于劳动保障方面的知识太少，民政与劳动部门应该分开培训，毕竟这不是同一个部门。上课应该多提供案例，多传授工作方法和创新技能，多解决实际问题。""外籍教师理论知识丰富，但不能把理论知识和中国实际相联系。""课后要安排一定时间讨论和消化。""基层经验也有好的办法，下次培训要选专题来谈，重点突破，会更好，如居委会自治问题。""理念需要，但如果能多贴近实际，让专业

---

① YEGIDIS B L, WEINBACH R W. 社会工作研究方法 [M]. 黄晨熹，等译. 上海：华东理工大学出版社，2004：145.

人员给予专业指导更好；通过具体问题找出指导理论更好。"

在这次培训中，希望学院特意安排学员到南京市两个社区进行实地考察。这两个小区各有特色，鼓楼区工人新村是南京市中心的一个廉价住宅区，社区居民大多文化水平低，经济收入低。但是，这几年，社区居民委员会主任带领一班人结合实际建设社区，使工人新村成为全国著名的文明社区，社区居民委员会主任成为全国唯一的来自社区第一线的全国人大代表。景明佳园曾经是一个"说说也让人头疼"的社区，社区内劳教释放人员多、吸毒人员多、问题青少年多，不要说文明社区，社区治安都有问题。但是，景明佳园的社区干部以家访为抓手，坚持记家访日记，准确掌握居民的情况，作居民的贴心人，现在成为南京市社区工作的模范。由于事先没有联系好，学员到达鼓楼区工人新村社区时，社区领导带领学员匆匆参观了一下社区办公地点，仅有15分钟。而景明佳园的情况更不如意，无人接待，也没有见到社区办公地点，大家在小区里随便走了5分钟左右就上车返回了。学员对实地考察意见较大："外出考察要与单位提前接洽、安排好。""考察活动组织太差，没有收获，只是一种形式。""实地考察没安排好，无功而返，浪费时间。""南京考察安排欠缺，住宿不干净。""宾馆的饭菜难吃，淋浴龙头还不出水。""班主任也不理睬我们，就自己远远地站在一边。"

应该给学员讲什么？学院领导认为，培训不能就基层说基层，而应当打开眼界，让学员有机会了解宏观的情况，以便在宏观的背景下更好地理解微观世界问题。为此，希望学院设计了11次培训讲座，在27份有效问卷中，有26位学员认为这次培训有一定针对性，其中有2人认为这次培训针对性强，仅1人认为这次培训缺乏针对性。学员也以各种方式表达了他们对培训内容的看法："培训着重讲了方法、理念的东西，我们缺乏理念更新。这次培训正好学到了很多好的理念。""专家介绍了国外相对成熟的案例、理念。"这次培训班学员都是长期工作在街道第一线的民政与社会保障干部,他们熟悉基层情况,有丰富的工作经验。他们对培训内容也提出了自己的建议:"培训内容针对性不强,如果培训以前问问我们有什么问题,会更有针对性。""培训对象要更加细分,培训内容才能更有针对性,这次把劳动、民政合起来培训,我们面临的问题不同。""总体感觉上,基层的具体工作与课堂上老师讲的有些对不上号。"

(四)培训方法与培训内容评估

其一,希望学院为培训班请了较为优秀的老师,学员对课堂教学总体上是满意的。学员认为课堂教学非常好的占 10.26%,相当好的占 54.19%,一般的占 34.74%,不大好的占 0.81%,很不好的没有。其二,实地考察是基层干部培训的必要环节,不管出于什么原因,南京考察是本次培训最失分的地方。其三,学员总体上肯定了培训的内容,从更高的要求看,学员认为这次课堂培训过于"学者型、理念型"(学员用语),理论讲得太多,缺乏案例教学,而学员更迫切需要的是"专业型、业务型"(学员用语)的培训。其四,培训中的新理念能够给学员留下深刻的印象。这次培训中的"社区参与式治理"就属于这种理念。《学员培训感想汇编》共收录了 10 篇文章,其中有 8 篇谈到宋老师讲授的"社区参与式治理"。如何在培训中为学员提供切合实际的新理念,应当是一个具有挑战性的问题。

四、培训影响评估

影响评估是一种测量和判断社会工作干预结果的评估模式,它对全面评价社会工作干预的绩效、改善服务方式、提升服务质量、确保服务达成预设目标具有重要意义。[1] 在通常情况下,培训影响评估主要考察与分析培训对学员所产生的影响,这种影响可能是培训直接产生的,如思想观念

---

[1] 彼得·罗希,等. 项目评估:方法与技术[M]. 邱泽奇,译. 北京:华夏出版社,2002:413.

改变等；也可能是培训带来的长期社会效应。本次评估的对象是一次短期培训，评估需要在培训结束后马上完成，因此，本次评估只能考察培训对学员的直接影响。此外，本次培训的委托方是浦东新区政府部门，它们同时要求评估这次培训对希望学院的影响，也就是说，从培训本身去评估希望学院这一非营利组织的培训能力。

（一）非营利组织培训与党校培训、市场培训的比较

这次培训学员是浦东新区街道民政或社保领域的科级干部，他们曾经参加过各级党校、行政学院以及市场培训机构组织的培训，在培训结束后的问卷调查中，学员比较了三者的差异。统计显示，在办学经验、办学条件、师资力量方面，党校比市场上的培训班和希望学院占有绝对优势，分别达到85.2%、63.0%、70.4%。在培训内容的实用程度上，希望学院与党校差不多，高于市场上的培训班。在培训方式的新颖程度上，希望学院与市场上的培训班持平，高于党校，如表4-1所示：

表4-1 培训班学员对党校、市场、希望学院培训的比较

项目	党校	市场	希望学院
办学经验	85.2%	11.1%	3.7%
办学条件	63.0%	29.6%	7.4%
师资力量	70.4%	18.5%	11.1%
培训内容的实用程度	38.5%	26.9%	34.6%
培训方式的新颖程度	15.4%	42.3%	42.3%

注：在"办学经验"等五个选项中，每个学员只在党校、市场、希望学院三项中选一个最优的。

党校是我国最重要的干部教育与培训基地，有数十年的教学、培训经验，有大批受过良好训练的教师，诸如希望学院这样的非营利组织机构很难与之相比。但是，希望学院创造了灵活多样的合作模式，使学院变成了一所"没有围墙的大学"，在很大程度上克服了办学条件差与师资力量不足的困难。希望学院通过培训展示出它们的培训品牌，在培训的实用性与

新颖性方面给学员留下了很好的印象,学员给予了肯定性的评价。但是,学员对希望学院这次开展的培训总体评价不高:在29份调查问卷里,非常满意的1人,占3.4%;满意的6人,占20.7%;没有意见的9人,占31.0%;不满意的12人,占41.5%;很不满意的1人,占3.4%。相对来说,不满意的学员较多。在问卷调查中,询问对"非营利组织比党校举办的培训更有针对性,更加有效"的满意度方面:在29份问卷中,非常满意的和很不同意的人没有;同意的有5人,占17.2%;没有意见的8人,占27.6%;不同意的16人,占55.2%,不同意的人高出同意的人38个百分点。学员对非营利组织培训的认可度不高。

(二)培训对学员的影响

从学员小结中,可以体察到这次培训对学员的影响,这种影响可分为三个方面:其一,培训拓展了学员的思路,提高了学员的理论水平。其二,培训使学员学到了新思想、新观点、新方法。许多学员谈到了"参与式治理"概念给自己带来的冲击。有学员写道:"在这次培训班上,我第一次听到'社区参与式治理'的概念,感受颇深。我感到'社区参与式治理'概念的提出,对真正实现社区居民自治是一条有效途径,也是一种新型城市社区治理体制。"其三,培训使学员认识到以前工作中存在的不足,学习到解决工作难点的方法。某学员写道:"近几年,我们利用多条腿走路的方法,来满足不同层次就业人员的需要,尤其是创新就业模式方面,我们也曾做过不少的探索,但是失败的多,成功的少。通过培训我认识到失败在于'没有让服务对象参与到活动中来'。工作岗位服务对象不接受,自然他们就不会领情。现在看来,问题确实出在我们身上,如果我们事先开展几场座谈会,多与那些求职人员沟通,倾听他们的需求,然后再设计方案,并根据需求有针对性地选择用工单位,其效果肯定会比现在的效果要好得多。"

(三)培训影响评估

这次培训影响主要体现在两个方面:其一,对希望学院的影响优劣参半。一方面，学员对希望学院承担的这次培训情况总体评价不高，这种评价甚至影响了学员对非营利组织开展培训的态度；另一方面，学员又认为希望学院的培训在实用性方面优于市场培训，在培训的新颖性方面优于党校培训。这种影响源自培训本身存在的优点与不足。其二，与许多其他培训不同，这次培训强调学用结合，强调把课堂上学到的知识用到自己工作的实践中去，对工作有所帮助。因此，这次培训对学员的影响是实实在在的。

五、评估建议

这次培训的意义超出了培训本身。虽然培训还存在一些不尽如人意的地方，但是所有的不足之处都与不适当的安排相关，因而是容易纠正的，这样的培训值得进一步开展。为了有利于以后的培训工作，在此提出一些评估建议。

（一）培训机制

长期以来，我国公务员干部培训基本上是"体制内培训"，这类培训在提高干部素质，学习贯彻党中央的路线、方针、政策方面起了十分重要的作用。但是，随着社会主义市场经济的发展，国际化的推进与信息时代的到来，干部面临着越来越纷繁复杂的情况，需要越来越快的知识与观念更新。"关注民生，构建和谐社会"项目是一次有益的干部培训机制的创新。这次培训由政府出题目、出资金；民间机构希望学院承担任务，设计培训项目，并组织实施培训；第三方全程跟踪培训，并进行科学的评估。实践证明，这一新的培训机制是可行的。新的培训机制的运行能够有效地拓展培训领域，"量体裁衣"，与时俱进，为公务员干部提供多样化的培训项目；也可以通过评估不断提高培训质量，创造出适合于新时期干部需求的高质量的培训。同时，新的培训机制的运行可能为中国民间组织的成长提供重要的社会空间。

（二）培训模式

在这次评估中，民间组织"社区参与行动"负责人宋老师有关社区参与的讲座受到大家的关注。以参与的视角思考培训，为我们提出"参与式培训"的模式。参与式培训的基本理念是：只有当学员不把自己当作消极的知识接受者，而把自己当作积极的参与者时，培训才可能取得最大的成效。实施参与式培训，意味着培训的实施者从一开始就要把学员的参与纳入培训项目本身，而不是仅仅考虑课程、师资、考察等。参与式培训可以区分出三个层次的参与：培训前参与、培训中参与及培训后参与。根据学员的反馈，这次培训没有认真做好学员的"培训前参与"，部分地做到了"培训中参与"。培训结束时，学员结合工作实际认真写出了培训小结，这是"培训后参与"。

（三）培训与创新

认真阅读学员的培训小结可以看到，他们最赞赏的是培训中获得的新思想、新观念、新方法。这种情况给我们什么样的启迪呢？培训班要以提高基层干部的职业能力为宗旨。在这个瞬息万变的新时代，基层干部最重要的职业能力在于他们能机智、灵活、有效地处理种种意想不到的问题、矛盾甚至冲突，他们具有创新的本领。因此，提供新思想、新观念与新方法成为办好培训班的关键因素，如何提高学员的创新能力成为培训设计的核心问题。

（四）项目式运作

这次培训突破了希望学院以往的办班管理模式，采用全新的项目式管理，整个培训过程的准备、实施和总结都由项目负责人统筹负责。为了更好地了解希望学院的办学质量和这次培训的效果，邀请了第三方专家对此次培训班进行评估，以达到评估结果的公正客观。这次培训的实践证明，将培训作为一个项目管理，时间与资金的利用率较高，细节处理更有人性化，值得进一步尝试。这次培训中出现的问题也提示我们，做好一个培训项目，关键在于选好项目的负责人与主要执行人。

第二节　高中阶段中外合作办学机构评估

根据《中外合作办学条例》，中外合作办学是指外国教育机构同中国教育机构在中国境内合作举办以中国公民为主要招生对象的教育机构的活动。根据办学主体不同，中外合作办学可分为机构和项目两类，这两类已在我国高等教育阶段实施。高中阶段的中外合作办学项目发展迅速，形形色色的"国际学校"和公立高中国际班均以出国为导向，开设留学课程。中外合作办学高中有利于满足我国公民和外籍人士子女对优质教育资源的需求，《上海市教育国际化工程"十二五"行动计划》要求率先建立1~2所独立设置的中外融合的合作高中。2014年9月，获上海市教育委员会批准设立、中国教育部备案的上海第一所独立设置的中外合作高中——上海七宝德怀特高级中学诞生，笔者是该所中外合作办学机构的项目规划者之一，现对该项目进行评估和反思。

一、办学条件的 SWOT 分析

SWOT[①] 分析是对机构内外部条件各方面内容进行综合和概括，进而分析机构的优劣势、面临的机遇和挑战的一种方法。

（一）优势

一是科教实力雄厚。"十二五"期间，上海市级和区县两级财政总计拨付700亿元教育经费，经费使用重点是向人才培养和教师队伍建设倾

---

① SWOT 是一个首字母缩写词，S（strengths）是指优势、W（weaknesses）是指劣势、O（opportunities）是指机会、T（threats）是指威胁。

斜，其中基础教育包括学前教育投入为473亿，占全部经费的67.6%。[1] 2010年，上海全市普通高中生有16.89万人，比2005年减少14.07万人，减少45.20%，但高中生均总支出25426元，比2005年翻了将近一番，政府对基础教育的投入明显加大。[2] 2009年和2012年，以考查义务教育阶段学生学习能力为宗旨的国际学生评估项目PISA测试中，经济合作与发展组织（OECD）指出，在全球65个国家和地区中，上海在阅读、数学和科学三项指标得分中均名列第一。[3]

二是教育体量大。2010年，上海市共有755所中学，在校学生总数为59.44万人，其中全市普通高中生16.89万人。[4] 除此之外，上海国际教育形态比较丰富，既有外籍人员子女学校、民办学校国际部等多种办学形态，又有师生交流互访、缔结友好学校、教师境外培训、外籍教师进课堂等多种对外交流项目。

三是刚性需求强。随着上海经济社会发展和全球化推进，上海高中阶段教育不断向国际化发展，广大市民对中外办学需求强烈，目前各个区县都有中外合作办学项目。中国教育在线与教育优选联合发布的《2015年出国留学发展状况调查报告》显示，2014年度中国出国留学人员为45.98万人，较2013年增加了4.59万人。从1978年至2015年，累计出国留学总人数达到了351.84万人。[5]

（二）劣势

一是创建中外合作办学法人机构经验缺乏。上海的中外合作办学主要集中在高等教育阶段，基础教育阶段中外合作办学独立法人机构还没有，

---

[1] 姜泓冰. 上海700亿教育投入更重软件 [N]. 人民日报，2012-03-29（2）.
[2] 《上海市基础教育改革和发展"十二五"规划》.
[3] 仇逸. 2012 PISA成绩公布：上海学生各科成绩均位居第一 [EB/OL]. （2013-12-04）[2020-12-06]. http://politics.people.com.cn/n/2013/1204/c70731-23741671.html.
[4] 《上海市基础教育改革和发展"十二五"规划》.
[5] 佚名. 2015年出国留学发展状况调查报告 [R/OL]. （2015-11-12）[2020-10-22]. https://www.51test.net/show/6136174.html.

高中阶段仅有国际课程项目。未来的中外合作办学机构与现在的文来高中国际部、上海中学国际部、上海美国学校等在培养目标、课程设置、教学管理、办学模式等方面均有较大差异。

二是招聘质量高而又稳定的师资队伍困难。从现在高中国际部合作项目运行情况来看，外籍教师虽然有资格证书，但其鉴定和能力考评存在一定困难，高质量的外籍教师往往难以招到，而且师资不稳定，一般工作时间在两年甚至更短，三年以上的较少；中方教师的编制、专业培训、研修、职称晋升等渠道尚未打通，也缺少明确的政策支持。

三是筹资环境有待优化。当前，国家对民办学校（包括中外合作学校）的扶持主要是提供一些政策优惠，直接的财政支持还不足；社会捐资助学风气在中国尚未形成气候，鲜有个人和组织无偿捐助民办学校；创办者出于利益回报程度考虑，往往是一次性投资，就不再继续投资；除了收取学费外，中外合作学校没有能够形成其他的融资渠道。

（三）机遇

一是中外合作办学的政策支持力度加大。《国家中长期教育改革和发展规划纲要（2010—2020年)》明确表示"大力支持民办教育"，《上海市中长期教育改革和发展规划纲要（2010—2020年)》要求，"在基础教育阶段设立若干所中外学生融合的学校""支持高中学校从实际出发，发挥传统优势，探索多样化办学模式"。《上海市教育发展"十四五"规划》指出，提升上海教育国际影响力。坚持扩大开放，引进世界一流大学和高水平职业院校来沪开展中外合作办学，鼓励开展中外教育机构学分互认、学历学位互认、办学标准互通。

二是追求优质教育的需求旺盛。随着经济发展和人民生活水平上升，人们对接受新型优质教育资源的需求不断上升。《2015年出国留学发展状况调查报告》显示，中国本科以下出国留学人数猛增。研究生阶段留学的人数增长已经进入平台期。[①]

三是上海基础教育的国际吸引力持续增强。在多次PISA测试中，上海学生在阅读、数学、科学领域的成绩均获第一，上海基础教育引发国际广泛关注，不少国家组团到上海学校考察学习，希望能与中国学校进行交流互学，开展合作办学。

四是多国对华签证政策放宽，为出国留学提供便利。例如，频繁访英的中国访客，签证可在24小时内处理完毕；在法国，外国留学生将获得与其学制年限相同期限的居留证，不用每年办理。

(四) 挑战

一是教育部审批依然从紧。近年来，各地创建中外合作办学的热情很高，上海市也屡次尝试。然而，教育部政策松动较小，为数不少项目未予批准。

二是生源竞争激烈。《中外合作办学条例》规定：中外合作办学的招生对象应以中国公民为主，而不是面向外国学生。如何在满足这个规定的情况下，招收到足够多的高素质生源，而不是像一些私立学校因考虑经济效益而降低招生标准，对中外合作办学机构将是一项重要挑战。

三是国外优质教育资源不易引进。基于多种原因，目前中外合作办学的合作者大部分是国外二流、三流的学校，高层次合作尚未成为主流。合作伙伴的层次不高，严重影响了办学质量，如何选择优质的国际教育资源面临不少困难。

[①] 佚名.2015年出国留学发展状况调查报告［R/OL］.（2015 - 11 - 12）［2020 - 10 - 22］. https://www.51test.net/show/6136174.html.

二、教育股份合作制模式设计

根据办学主体、办学性质、法人资格、自主招生、学科设置等要素，我国现有中外合作办学体制模式可以分为五类，即相对独立模式、准独立模式、二级学院模式、课程项目模式和中外合作集团模式。比较已有的办学模式，建议中外合作办学高中采用股份合作制模式，这是因为：一是解决了资本的寻利性和教育的公益性之间的矛盾；二是突破了传统的教育投资理念，形成了多元化教育投资的特性；三是国内外教育股份制的成功实践提供了现实可行性，如以哈佛大学为主体的哈佛管理公司、浙江椒江书生中学等。股份合作制模式利用股份筹集社会资金，以契约式的合作方式，将中外各方的资金有效地运用到合作办学教育活动中，实行学校资产所有权与学校股份经营管理权相对分离，平衡资本的寻利性与教育的公益性。

中外教育股份合作制既包含普通教育股份制的特点，又借鉴中外合作经营企业的契约式管理方法。以办学为目的的投资公司专门从事办学的理财活动；由其投资设立的学校则成为专门的教育教学管理和实施机构。其运行体系主要包括两大部分：一是学校管理系统，二是投资和资金运作系统。[1] 学校的内部管理实行董事会领导下的校长负责制，校董会决定校长人选、资金筹措、财政管理等重要事宜；教师队伍中的优秀分子组成教代会，它与监事会一起担负对校董会以及学校教育事务的监督权。股份合作制公司承担整个办学的资金筹措、运作；办学资金为学校提供必需的经费保障，即构成必然成本；资本收益由附加成本、办学盈余及办学积累三部分构成，一部分继续投入今后的教育教学事务，另一部分返还到投资者本身，形成投资回报。如图 4-1 所示。

---

[1] 李哉平，张丰. 论教育股份制的运行及其机制 [J]. 江西教育科研，2000 (1)：24-27.

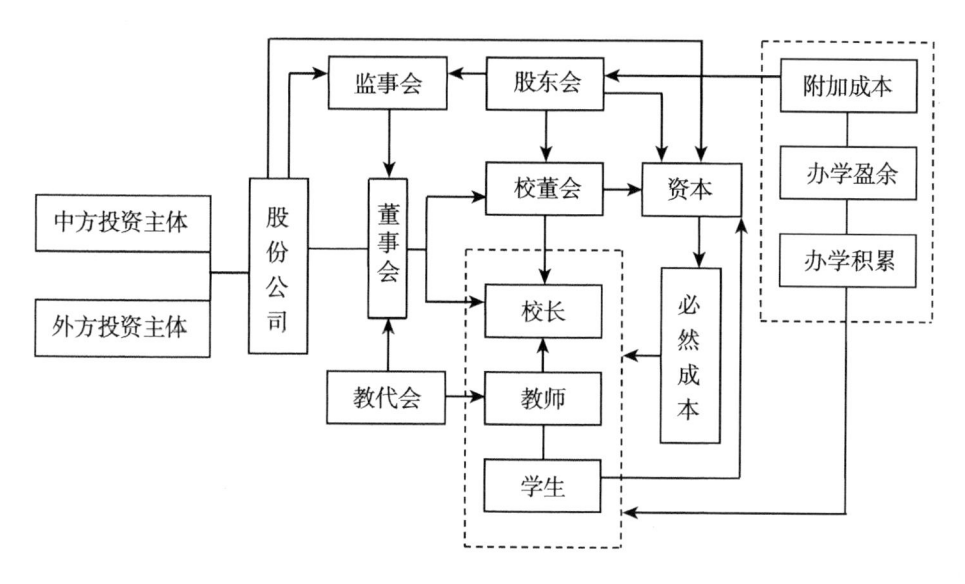

图 4-1 教育股份合作制模式

由上可知，股份合作制模式优点明显：一是有利于筹措办学资金，既有助于拓宽我国民间资本进入教育的渠道，又有助于吸引国外教育资金的注入；二是将办学活动和纯粹的经营理财活动分开，投资公司专门从事办学的理财活动，学校则实施教育教学管理活动；三是实行学校资产所有权与学校股权经营管理权相对分离，实现资本的营利性与教育的公益性的平衡。其不足之处为：一是政府是否介入问题；二是尚需明确一些问题，如合理回报办法、经营性培训机构工商注册办法、剩余资产的处置办法等；三是学校需要规范分配制度，不能以营利为目的，确保办学质量和水平提高。

三、美国全球通用证书考试课程设置

高中阶段的课程设置可以概括为"输出、改编、综合"三类。学校名称含有"美国国际""英国国际""法国国际""德国国际""日本国际"等国际学校通常都会实施"输出"课程，课程内容几乎没有经过任何改变的完全移植，如上海美国学校使用美国大学先修课程（AP）。

"改编"课程有进阶大学先修课程(APID)、国际普通中等教育证书(IGCSE)、国际高级教育证书(AICE)等。"综合"课程有欧洲文凭项目(EB)、国际文凭组织项目(IBDP)。目前,上海普通高中开设的国际课程有国际文凭组织项目、英国中学高级水平证书考试课程(A-LEVEL)、美国大学先修课程、美国全球通用证书考试课程(PGA)、加拿大BC省高中毕业证书课程、美国学生性向测试课程(SAT)等,其中国际文凭组织课程(IB)和英国中学高级水平证书考试课程占据绝对比例。还有一些学校,举办中外班或与国外教育机构进行项目合作,引进部分语言和理科科目,也占据相当比例。此外,上海许多英语培训机构,如新东方学校、新航道学校、交大昂立教育、环球雅思教育均开设美国学生性向测试课程、托福、雅思等,帮助高中生申请国外大学,但是还没有开设国际文凭组织课程、美国大学先修课程等国际课程班。[1]

中外合作高中的课程设置需要考虑以下因素:一是符合学生发展愿景。学校面向中国学生和在沪外籍及港澳台学生,走精英路线,他们毕业后,或到美国等国家留学,或在国内名牌大学就读,取得高中双文凭。二是以我为主,为我所用。在保证我国教育主权的前提下,可以引进国外理科课程,不得引进国外有意识形态方面的文科课程;对国外优质教育资源要有实质性的引入。三是修完国内普通高中课程体系。国际学校的学生必须纳入上海市统一招生计划,按照上海市教委颁布的《上海市普通中小学课程方案》,修完国内普通高中生学籍规定的所有课程。四是凸显上海基础教育的优势特色。打造国际学校的人文品牌课程,提高国际课程竞争力。

基于上述考虑,美国大学先修课程、国际文凭组织课程、英国中学高

---

[1] 徐士强,高光. 普通高中面向境内学生开设国际课程的现状、问题与建议:以上海为例[J]. 教育发展研究,2012(6):11-15.

级水平证书考试课程、英国普通中等教育课程（GCSE）等国际课程不适合上海高中中外合作学校。一是这些课程主要面向国外留学的高中生，与中外合作办学愿景不相符。二是整体引入这些课程，将会忽视意识形态的差异性，发挥不出我国基础教育扎实的优势，还会增加学生的学业负担。三是国外教育体系与我国有明显差异，不易衔接。例如，美国高中多为四年制，而我国为三年制；英国普通中等教育课程一般在两年内修完，英国中学高级水平证书考试课程、英国普通国家职业资格课程（GNVQ）等课程相当于我国高三到大一阶段的水平；国际文凭组织项目课程是大学预备课程，对语言和学业基础要求很高，我国高中生三年很难达到。

建议上海中外合作高中采用美国全球通用证书考试课程。具体理由如下：一是民族性。美国全球通用证书考试课程由中国高中课程和美国全球通用证书考试课程两部分组成，各占总课时的一半。美国全球通用证书考试课程由美国大学入学考试委员会（ACT）与（我国教育部）中教国际教育交流中心（CCIEE）共同开发而成，是适合中国学生的国际课程。二是权威性。美国全球通用证书考试课程得到美国大学入学考试委员会认证，学习成绩被以美国为主的110多所海外大学认可，美国大学入学考试委员会对本课程实施全程教学质量监控及相关支持。三是先进性。根据国外先进学术标准进行课程设置和教学管理，实现国内优质教学资源与国外先进学术标准的有效融合；采用国际先进教学理念，以学生为本，实施任务驱动式的灵活的教学方法，实现师生互动教学；实行小班制授课，外教授课为主，中教授课为辅。四是完整性。美国全球通用证书考试课程具备一套完整的体系，由教学体系、管理体系和服务体系三部分组成，为学生提供全方位服务。五是可操作性。经北京市教委批准，北京师范大学第二附属中学开设美国全球通用证书考试课程已有多年，取得了成功经验。

美国全球通用证书考试课程方案。① 其一,培养目标。培养具有中国文化基础,较高外语水平,熟悉国外教学方法,了解中外文化差异的优秀高中毕业生。即经过三年的高中教育,完成我国普通高中必修课程的学习,达到普通高中毕业生的水平;获得运用学术英语进行学术交流的能力,熟悉国外教学方法和考评方法,了解西方文化及其与中国文化的差异,具备衔接美国以及其他主要英语国家高等教育(本科学位课程)标准的水平。其二,课程设置。美国全球通用证书考试课程由中国高中课程和美国全球通用证书考试课程两部分组成。中国高中课程和美国全球通用证书考试课程在教学上同步进行。(1)中国高中课程:按照我国普通高中新课程标准执行,完成所有必修科目和必选课程,课程教学课时约占总课时的1/2。(2)美国全球通用证书考试课程:重在培养英语语言和沟通能力、数学和数据处理能力、使用计算机能力、商务学习以及独立学习技能,约占教学总学时的1/2,每学期由若干课程模块组成。课程模块包括:英语教学情景听说读写、数学、商务学习入门、科学原理入门、信息和文字处理入门等20个模块。其三,课程特色。充分发挥中国中学基础教育的扎实功底,并在国内优秀教师授课的基础上,适时融入西方教育理念和注重"学生个人能力培养"的教学方法,为培养国际化人才做准备。通过三年学习,学生可以获得中国高中毕业文凭和美国华盛顿州教育部门认可的高中毕业文凭,并可获得更为理想的雅思或托福和美国大学入学考试成绩,为进入著名的海外大学创造竞争优势。其四,教学模式。国际课程采用25人小班制,美国全球通用证书考试课程由外教授课,并配备中方辅导老师指导学生学习。其五,获得证书。凡完成普通高中课程学习,并修满必修学分和会考合格者,都将获得中国学校高中毕业证书。美国华盛顿州爱尔格英迪中学为参加美国全球通用证书考试项目的学生办理在美国华盛顿州爱

---

① 佚名. PGA课程的主要特点是什么[EB/OL]. (2012-03-22)[2019-04-20]. http://bj.zhongkao.com/e/20120322/4f6ae432c5b91.shtml.

尔格英迪中学的注册手续，并为结业考试成绩合格学生颁发美国华盛顿州教育部门认可的美国高中毕业文凭。其六，升学方向。既可以出国留学，也可以参加中国高考或名牌大学的自主招生考试。

四、中外合作办学机构的风险

中外合作办学机构存在以下几个方面的风险。

一是教育部实质性备案不能通过的风险。合作办学项目必须经过教育部实质性备案，备案实际上是一种审批，要求严格，通过率低。2003年前，一些上海知名高中尝试过中外合作办学，但均出于违规招生、无法实质性引进国外优质教育资源等原因被撤销和自行终止。2009年，上海市报送了三个项目（两个高校，一个中专），又出于课程设置、办学定位等原因未获得教育部批准。为此，中外合作办学机构要严格按照《中外合作办学条例》的规定启动申报程序，按照教育主管部门批复行事，切忌"先斩后奏"。即便项目得到审批，也要与合作方以《中外合作办学条例》为准则、细化中外合作办学项目各环节的工作程序及工作内容，充分协商制定"以我为主、为我所用"的招生制度、学籍管理规定、教学制度及考试规定等。

二是国外合作方不确定的风险。根据《中外合作办学条例》，中外合作办学的主体必须是具有法人资格的中国教育机构和外国教育机构，否则将得不到主管部门的认可。此外，中外双方在政策、法规、办学理念、师资队伍管理等方面可能存在较大差异，需要一定的磨合期，否则容易引发矛盾。市政府要积极搭建中外合作办学平台，在办学理念、课程设置、招生计划、师资招聘、学生管理、培养目标、评估模式等方面给予中外合作办学机构更大的改革创新自主权，并支持学校解决办学过程中遇到的政策问题。

三是优质教育资源难引入的风险。引进国外优质教育资源是开展中外合作办学的核心目标,但什么是符合国家政策的优质资源缺乏明确标准。同时,中方学校在消化、吸收、本土化国外优质教育资源的过程中也存在着不确定性。调研中发现,外籍教师管理存在诸多问题,涉及教育、公安、劳动、公证等多部门。为此,在选择国外合作伙伴时,中方须制定科学的选择标准和评价体系,从国外教育机构的资质、学科专业的社会适用性、教育资源的优质性等方面进行严格评选,确保中外合作办学的质量。备选合作对象应该是经过国外教育部门认证,同时经中国教育部公认的质量可靠、有信誉的国外高中学校或教育机构,中方须认真核查其合作办学的真正目的及其在本国及国际上的学术地位、教育教学水平、资信情况等。

四是收支严重失衡的风险。《中外合作办学条例实施办法》第31条规定,中外合作办学者要求取得回报的,应按照《民办教育促进法实施条例》的规定执行。"合理回报"间接认可了中外合作办学的市场属性。但在实践中,如何区分合理回报与营利之间关系,并没有明确规定。如果学费标准过高,将脱离公益性定位,引发社会争议甚至招致行政主管部门的取缔。就上海市而言,如果坚持公益定位,且能够满足上海市教育委员会有关收费标准不得高于同级同类国内学校收费标准的1~3倍要求,则很有可能学费收入远低于运营成本,学校难以为继。教育股份合作制模式是中外合作办学模式的最佳选择,它较好地解决了资本的寻利性和教育的公益性之间的矛盾。

第三节 音频党课直播效果评估

2017年11月10—28日,上海市党建服务中心、中共上海市委党校、人民网上海频道、东方广播中心、阿基米德(上海)传媒有限公司等,在上海新闻广播 FM 93.4"海上畅谈"节目和阿基米德 FM"学习同心圆"社区开展了"十九大精神十九人讲"的网络音频直播特别党课,具体课程如表 4-5 所示。这是上海市首次以电台、网络同步直播形式宣讲党的重大理论,产生了良好的社会效应,成为众人好评的党课。

表 4-5 "十九大精神十九人讲"网络音频直播特别党课课程

序号	日期	主题	地点
1	11.10	新宣言:迈向民族复兴的光辉文献	中共一大纪念馆
2	11.11	新成就:砥砺奋进五年的历史性变革	上海凝聚力工程博物馆
3	11.12	新方位:中国特色社会主义进入新时代	上海市党建服务中心
4	11.13	新论断:社会主要矛盾的历史性变化	上海市黄浦区淮海中路街道社区党建服务中心
5	11.14	新使命:"四个伟大"领航中国发展	陈云纪念馆
6	11.15	新指南:新时代中国特色社会主义思想	中共上海市委党校
7	11.16	新方略:指导各项工作的实践要求	上海国际汽车城世茂实业有限公司党建服务站
8	11.17	新征程:为全面建设现代化强国而奋斗	上海临港松江科技城党建服务中心
9	11.18	新战役:打好全面建成小康社会攻坚战	上海徐汇滨江建设者之家
10	11.19	新贡献:推动构建人类命运共同体	上海市杨浦区国歌展示馆
11	11.20	新辉煌:激发全民族文化创新创造活力	上海东方广播中心
12	11.21	新实践:把法治权威牢牢地立起来	上海市奉贤区金海社区党建服务中心
13	11.22	新定位:发展最广泛最真实最管用的民主	钱学森图书馆

续表

序号	日期	主题	地点
14	11.23	新承诺：增强人民的获得感幸福感安全感	上海市静安区白领驿家
15	11.24	新追求：建设天蓝地绿水清的美丽中国	上海市崇明区会议中心
16	11.25	新理念：努力建设现代化经济体系	上海市杨浦区五角场街道创智坊党建群建服务站
17	11.26	新思路：把党建设得更加坚强有力	中共四大纪念馆
18	11.27	新党章：党的根本大法的与时俱进	中共二大纪念馆
19	11.28	新作为：奋力走好新时代的长征路	上海自由贸易试验区保税区党员政治生活馆

一、音频党课的特点

紧扣十九大报告文本、概括提炼出19个"新"为党课主题。这19个宣讲主题既覆盖了十九大报告原文的主要内容，体现了文本自身的内在逻辑，又有一定的理论高度，做到"点""线""面"的有机统一。主题内容紧紧围绕中央和上海市委关于十九大精神宣讲的有关指示要求，依据10个"深刻领会"和6个"聚焦"，把政治正确、政治准确始终放在首位。讲稿内容在学懂、弄通、做实上下功夫，力争做到"让出租车司机都听得懂"，使党的十九大精神真正入耳入脑入心，在基层落地生根。

为了衬托每次宣讲的主题，音频党课精心挑选具有特殊意义的地标场所、党建服务中心和党性教育基地，实现宣讲内容与上海红色记忆、改革开放成就的有机结合。首场视频党课选在中共一大纪念馆，这是中国共产党的诞生地。党的十九大会议刚刚闭幕，习近平总书记就带领中共中央政治局常委来到中共一大会址集体瞻仰。首场主讲人王公龙教授激动地说："在一大会址讲十九大精神，是一个非常难忘的经历。……我在中国共产党的诞生地来讲这一课，对我一生来说都是非常值得记忆的。"[1] 最后一场视频党课选在上海自由贸易试验区保税区党员政治生活馆。上海自由贸易试验区是我国先行先试、深化改革、扩大开放的重大举措，体现了上海市勇当新时代全国改革开放排头兵、创新发展先行者。19 场党课覆盖上海市 12 个区，最大限度地调动党员群众的关注度和参与度。

"十九大精神十九人讲"特别党课把十九大精神宣讲与音频、视频学习有机结合，构建传播党的声音的新平台。从传播方式上看，播音员利用自己的语言、气息、情感等手段，把活跃的交流感和深邃的意境统一起来。与其说广播是一种听觉媒体，倒不如说是一种想象的媒体，或者更准确地说是听和想象的艺术。在这个一切都被"程序化"的时代，广播创造的想象力无疑会增加其魅力。但广播只有声音没有画面，缺少画面对气氛的烘托是其弱点。阿基米德 FM 是一个能够提供服务的移动社交音频平台，可以产生媒体融合的互动方式。它扩展单一的音频传输方式，通过图文音及多样化 H5 形式传递信息，让内容不仅好听而且好玩。用户不仅可以通过阿基米德 FM 实现直播收听与回听，还可以随时与主持人在线互动，发现身边有共同爱好的朋友，增强互动性。

二、音频党课的效应

系列党课开播以来，社会各界予以一致好评，一度成为"网红党课"。在阿基米德 FM "学习同心圆"社区，听众的各种跟帖、留言有 12000 余条。19 天共有 150 多万台手机设备上线，直播间内有 16000 人参与留言互动。据统计，19 天里累计超过 1000 万人次，日均 50 万人次收听收看。阿基米德 FM 设置了回放功能，每天宣讲结束，阿基米德第一时间生成回听，放进系列课的专辑，同时将当天精彩的内容制成短音频进行二

---

[1] 王文娟，轩召强. 上海宣讲十九大：从石库门出发，深入党心民心 [EB/OL]. (2017 - 11 - 26) [2019 - 12 - 10]. http://news. 66WI. com/system/2017/11/26/105045445. shtml.

次传播。这样,收听党课人次出现几何级增长,加上后续的"倍乘效应"数据,收听、回放党课的有 2000 万人次。中共上海市委党校副校长算了一笔账:市委党校加上五所分校,一年的培训量是 5 万人次,这次视频党课的 1000 万人次需要党校培训 200 年。[①] 音频党课既连"天线"又接地气,深受上海基层党员群众的喜爱。

通过音频党课的学习,十九大精神入耳入脑入心入行,不是简单地听听传达,背背文件。在"学习同心圆"社区的评论中,听众和观众纷纷发言,表示"学习党章不是走过场,而是要学进心里去。"(09854)[②] "现阶段就是要认真学习,原原本本地学,深刻理解。"(阿君)通过音频党课的学习,他们领会了十九大精神,"很关注这个系列党课,每晚准时开讲,对深入学习、领会、贯彻十九大精神很有帮助,已推荐给身边的党员。"(挪威曾有雪)"还原青年时期的马克思,心中的马克思从一个光辉伟大的抽象人物,转变为一个有血有肉、有情有义的鲜活的人。"(wx1218902)增强了他们对党的忠诚、敬畏之感,"学而懂学而信学而用,心存敬畏。"(龙文)"心存敬畏,信念不灭。"(凯的 annie)"心存敬畏,手握戒尺,将党章的内容内化于心。"(wx959309)有些听众开始反思自己的言行,"听完今晚的直播,开始审视自己以及自己在社会中的位置。在这个'去自我化'的过程中,意识到自己对时代的担当,并寻找自己的历史使命。"(wx1218902)提出他们所困惑的问题,"全面建成小康社会中的'全面'体现在哪些方面?"(大饼霉霉)他们决心把十九大精神付诸实践,做到学以促行、学以致用。"明白了,学是基础,做是关键。"(最好的明天)"连续听了几期党课,感触很深,要把深入学习贯彻十九大精神落到实处,不断提高自己的业务水平。"(凯的 annie)"作为一名基层工作者,要不忘初心,不忘革命先辈的艰苦奋斗,严格要求自

[①] 方敏,侯琳良,王明峰,等. 抓得用心 讲出创新 深入人心 [N]. 人民日报,2017-12-18 (1).
[②] 听众和观众的评论选自学习同心圆社区,括号里代码是用户名,全书同。

己,集中所有精力做好工作。"(宾宾果的美好生活)

音频党课的显著效果除了与音频形式有关之外,还与授课教师密不可分。19位宣讲老师都是中共上海市委党校的精兵强将,其中教授15人,占78.9%,副教授4人,占21.1%;博士学位者18人,占94.7%;平均年龄45.8岁,平均教龄16.1年,年龄最大者67岁,最小者31岁。受众也对宣讲教师给予很高的评价,"老师讲得真好,第一次听党课听得入迷。"(丫丫酱007)"老师讲得很好,深入浅出,接地气,学到了很多。"(那年的7月)"老师视野开阔,既有理论,又有案例,生动形象,精彩!"(憋说话)"回顾历史,梳理数据,对比现实,透过现象看本质。"(佳 Miss.c)"教授讲课逻辑严谨,语言精练,理解深刻,听后深受启发。"(138wsqt4682)"听了老师们对十九大报告的解读,原以为是高高在上的理论,现在感受到它和我们的生活有实实在在的联系。"(130obqp5998)这说明教学内容是党员群众所思所想所需的东西。

音频党课开播不久,中央电视台、《人民日报》、《光明日报》、人民网等一批全国性主流媒体报道"十九大精神十九人讲"。2017年12月22日的《焦点访谈》节目《让党课"活"起来》对音频党课的评价:"党课内容有录音录像,还能在不同网络平台上反复回放,课程节奏灵活,这获得不少党员尤其是年轻党员点赞。"[1] 2017年11月12日,《光明日报》发表文章《党课音频直播超过50万名听众收听》[2],认为"传统媒体加上新媒体,让党课离所有人更近一步也更深入。"指出音频党课充分调动上海市的红色资源,开辟党课新媒体传播基地,增强了党员教育的覆盖面和渗透力。

---

[1] 《焦点访谈》让党课"活"起来 [EB/OL]. (2017-12-22) [2020-12-06]. https://tv.cctv.com/2017/12/22/VIDED3BmGzsUJbeE63nN9Y5T171222.shtml.

[2] 颜维琦,曹继军.党课音频直播超过50万名听众收听 [N].光明日报,2017-11-12(4).

三、音频党课的启示

"十九大精神十九人讲"特别党课传播范围之广、收听人次之众、党员热情之高、播出反响之烈，主要得益于党课内容和音频形式的有机结合，值得进一步总结推广。

音频党课从传统课堂搬上网络、送入电波，充分利用了广播的受众广泛、时效性强、传播范围广、低度摄入的优势。收听广播不受时间、空间、文化程度的限制，听众可以利用手机上的阿基米德App，随时随地收听，也可以利用碎片化时间学、反复学。对此，听众连连点赞。很少有人在大街上和商场里边走边看报纸或电视，但人们能在行走、乘车、躺着、站着等各种状态下收听广播，这就是广播的流动性和低度涉入的优势。广播的内容利用电波传播，每秒30万千米，播出声音与听众听到声音几乎是同步的，其时效性居于各种大众传媒之首。电波传送还不受天气变化、交通环境、空间距离等因素的限制，比印刷媒体的传播范围更加广泛，每堂宣讲有超过10%的用户来自上海以外的地方。

为了确保党课直播的政治安全，相关各方严格把关。中共上海市委党校严把内容关，每个专题的讲稿、课件须经分管领导多次审核，教师上课时不得随意引申发挥。上海市党建服务中心严把组织关，严格把控视频的录制关、上传关、发布关。人民网上海频道严把传播关，对网络传播文字、内容及通讯报道稿件严加审核。东方广播中心严把直播关，从外场技术稳定到音频直播保障，从现场主持人的串词到与宣讲人的沟通培训，每一项工作都细致入微，落实责任到人，确保直播的技术稳定和技术安全。阿基米德FM严把互动关，做到全程内容"政治正确，安全可控"。五家合作单位各负其责、紧密配合、协同发力，实现无缝对接和高效运转。

学习党的十九大报告要原汁原味，内容编排上要推陈出新。《中共中央关于认真学习宣传贯彻党的十九大精神的决定》要求，学习领会党的十九大精神，必须坚持全面准确，坚持读原著、学原文、悟原理，做到学深悟透。如果不原原本本学习十九大报告，就难以领悟十九大报告的真谛要义，犹如无源之水、无本之木，很容易导致支离破碎、断章取义地去理解，甚至产生脱纲离谱、跑偏错向的情形。恩格斯指出："一个人如果想研究科学问题，首先要在利用著作的时候学会按照作者的原样去阅读这些著作，首先要在阅读时，不把著作中原来没有的东西塞进去。"[①] 因此，宣传十九大精神要把原原本本学习十九大报告作为首要任务，逐字逐句，研机析理，学深学透。"十九大精神十九讲"紧扣十九大报告原文，依据10个"深刻领会"和6个"聚焦"，从不同角度概括提炼出19个"新论断"作为宣讲主题，既有整体把握、全面系统，又突出重点、抓住关键。例如，专题"新宣言：迈向民族复兴的光辉文献"对党的十九大和十九大报告进行总体分析和阐释。专题"新成就：砥砺奋进五年的历史性变革"聚焦十八大以来党和国家事业取得的历史性成就和发生的历史性变革。专题"新方位：中国特色社会主义进入新时代"是对习近平新时代中国特色社会主义思想的深刻领会。专题"新论断：社会主要矛盾的历史性变化"聚焦我国社会主要矛盾的变化。其他若干专题是对社会主义经济建设、政治建设、文化建设、社会建设、生态文明建设以及党的建设、民主法治建设的深刻领会。此次系列党课有助于广大听众系统完整地掌握十九大报告的科学体系、丰富内涵和思维逻辑，准确深刻领悟其核心内容、精神实质和根本要求。

---

① 马克思，恩格斯. 马克思恩格斯全集（第25卷）[M]. 北京：人民出版社，1974：26.

第五章

社会治理能力现代化

CHAPTER 5

本章围绕社会治理能力现代化展开讨论，第一节关于疫情治理，建议建设人人有责、人人尽责、人人享有的社会治理共同体。第二节和第三节探讨特大城市治理，笔者认为，在治理特大城市时须突出以人民为中心的社会治理理念。第四节讨论社会治理的法治保障，强调在法治轨道上推进社会治理能力现代化。

第一节　弘扬抗疫医护人员职业精神

新型冠状病毒感染疫情是新中国成立以来在我国发生的传播速度最快、感染范围最广、防控难度最大的一次重大突发公共卫生事件。疫情初期，湖北省尤其武汉市是全国疫情防控的重中之重，一线医护人员克服救治任务重、感染风险高、工作压力大等各种困难，千方百计提高治愈率、降低病亡率，体现了医者仁心的崇高精神，涌现出一大批可歌可泣的先进典型和感人事迹。本章探讨医护人员英勇抗疫的精神境界的三种表现形式，赞扬他们救死扶伤、"医者仁心"和"不忘初心"的崇高精神。

一、医护职业的神圣性

职业本身就具有神圣性。在英文中，表达职业的单词（如 profession，vocation）都有神圣之意。中国传统文化也强调敬业精神，"敬业乐群"最早见于西汉之际的《礼记·学记》，要求人们专心致志于自己的事业。朱熹说："敬不是完事休置之谓，只是随事专一，谨畏不放逸耳。"这里的"敬"是指一种全神贯注的心理状态。儒家要求人们"做事"以"尽本分"。"做事"并不能消极地、不得已地应付，相反，做事必须"主敬"，即认真把事做好。[1] 陈其南认为，古代的"士"有两层含义：一是所谓"士志于道"的道德理想；二是"志于仕"的职业本身。理想化的儒家论说均特别看重前者，而宁可牺牲后者。[2]

医护职业神圣性与宗教有一定关联。神圣性是宗教的本质属性。法国社会学家迪尔凯姆（Durkheim）认为，"任何宗教都是一个与神圣事物相关的信念与实践的统一体系。这里说的神圣事物是划分出来的、带禁忌性的。"[3] 由宗教的神圣性产生出不可侵犯性、权威性和至高无上性，铸就了人们心中的神圣感。到了中世纪，宗教开始占领医学的位置，教士承担了一部分治病的任务，治病和精神救赎相结合。费尔巴哈指出："凡是在人类文化进程的早期，那些知识领域的活动，例如药剂学，起初都是宗教或神学的事情。"[4]

生命是神圣的，以救死扶伤为己任的医护职业也是神圣的。《黄帝内经·素问》说："天覆地载，万物悉备，莫贵于人。"[5]《备急千金要方》认为："人命至重，有贵千金，一方济之，德逾于此。"[6]《孝敬·圣治章》提出："天地之性，人为贵。"[7]《吕氏春秋》说："圣人深虑天下，莫贵于生。"[8] 自古以来，人们对医学和医护人员都怀有敬畏之情。我国古代称医生为郎中，郎中本是帝王侍从官的通称，在崇尚官本位的封建社会，把医生和帝王侍从官并列，可见人们对医生的尊敬程度。现代社会，医护人员身穿白色工作服，从事治病救人的神圣事业，能为患者消除病痛、带来希望，因此被人们尊称为"白衣天使"。被人们称为"提灯女神"的南丁

---

[1] 余英时. 中国近世宗教伦理与商人精神 [M]. 合肥：安徽教育出版社，2001：158.
[2] 陈其南. 明清徽州商人的职业观与家族主义 [J]. 江淮论坛，1992（2）：51-62.
[3] 张志刚. 宗教学是什么 [M]. 北京：北京大学出版社，2002：113.
[4] 费尔巴哈. 费尔巴哈著作选集：下卷 [M]. 荣震华，译. 北京：商务印书馆，1984：467.
[5] 王庆其，陈晓. 黄帝内经精选导读 [M]. 上海：上海科学普及出版社，2021：71.
[6] 王新全. 中华英杰谱：卷二十二：医圣药王 [M]. 延吉：延边大学出版社，2006：37.
[7] 朱祖延. 引用语大辞典 [M]. 武汉：武汉出版社，2000：627.
[8] 吕不韦. 吕氏春秋 [M]. 刘亦工，译. 武汉：崇文书局，2023：12.

格尔，她的塑像遍及世界各地的医学院。人们把她的生日定为国际护士节，就是表达对她的尊敬。

二、医护人员的仁心

（一）医乃仁术

儒家文化把"仁"作为最高的道德原则、标准和境界。孔子将"仁"解释为"爱人"，并说"夫仁者，己欲立而立人，己欲达而达人""己所不欲，勿施于人"，① 包括恭、宽、信、敏、惠、智、勇、忠、恕、孝、弟等内容。孟子说："仁者，人心也。"又说："恻隐之心，仁也。"② 将"仁"定性为人的同情心、怜悯心、爱心，以与动物相区别。韩愈说："博爱之谓仁。"③ 将仁定义为博爱，进一步引申，凡是有恩于万物者，皆可称为"仁"。

古人云"医乃仁术"。清代喻昌在《医门法律》中指出："医，仁术也……视人犹己，问其所苦，自无不到之处。"④ 晋代杨泉在《物理论·论医》中说："夫医者，非仁爱之士不可托也。"⑤ 明代御医龚信在《古今医鉴·明医篇》中认为：医生的首要条件是"心存仁义"。其子龚廷贤提出"医家十要"，第一要便是"一存仁心，乃是良箴，博施济众，惠泽斯深"。⑥ 明代王绍龙在《医灯续焰》中说："医以活人为心，故曰医乃仁术。有疾而求疗，不啻求救焚溺于水火也。医乃仁慈之术，须披发缨冠而往救之可也。否则焦濡之祸及，少有仁心者能忍乎？窃有医者，乘人之急而诈取货财，是则孜孜为利，跖之徒也，岂仁术而然哉。"⑦

---

① 孔子. 论语 [M]. 张燕婴，译注. 北京：中华书局，2012：66，139.
② 孟子. 孟子 [M]. 万丽华，蓝旭，译注. 北京：中华书局，2017：349，112.
③ 方世举. 韩昌黎诗集编年笺注 [M]. 北京：中华书局，2017.
④ 杨静. 中医生命伦理学 [M]. 成都：四川大学出版社，2019：142.
⑤ 郑文清，周宏菊. 医学伦理学 [M]. 武汉：武汉大学出版社，2021：7.
⑥ 张从正. 儒门事亲 [M]. 北京：人民卫生出版社，1999：4.
⑦ 王绍龙. 医灯续焰 [M]. 北京：中国医药科技出版社，2018：327.

医者对病人要一视同仁，须有恻隐之心。唐代名医孙思邈在《备急千金要方·大医精诚》中说："凡大医治病，务当安神定志，无欲无求，先发大慈恻隐之心，誓愿普救含灵之苦。"并提出对患者不分"贵贱贫富，长幼妍媸，怨亲善友，华夷愚智"，做到"普同一等，皆如至亲之想"。孙思邈还强调对待病人的臭秽，不能表露出厌恶之心："其有患疮痍、下痢，臭秽不可瞻视，人所恶见者，但发惭愧凄怜忧恤之意，不得起一念芥蒂之心，是吾之志也。"①

"病家求医，寄以生死"，② 所以医家要详查精治，切忌粗心大意。《大医精诚》强调："省病诊疾，至意深心，详察形候，纤毫勿失，处判针药，无得参差。虽曰病宜速救，要须临事不惑，唯当审谛覃思，不得于性命之上，率尔自逞俊快，邀射名誉，甚不仁矣！"③ 古代医书《本草类方》也说："夫用药如用刑，误即便隔生死……盖人命一死不可复生。"④ 医学服务对象是生命，这就要求医务人员在工作中必须严肃谨慎，一丝不苟，精益求精。精细既是医务人员对患者生命健康责任意识的体现，也是仁慈品格的外在表现。

"无德不成医"、"医者父母心"、"悬壶济世"、杏林春暖、橘井泉香，这些箴言和典故都是对医者仁心的讴歌。

（二）爱岗敬业

在新冠疫情防控时期，医护人员英勇抗疫彰显了医护职业的神圣性。当记者问及医护人员为什么要参加武汉战"疫"时，他们的理由很简单——"我是学医的"，言中之意，救死扶伤是医务工作者的使命。在武汉的方舱医院、隔离病区、重症监护室，随处可见医护人员的身影。为了节省防护服和避免上厕所，白天工作期间，医护人员几乎不吃不喝。厚厚

---

① 孙思邈. 孙真人千金方 [M]. 李景荣，等校订. 北京：人民卫生出版社，1996.
② 宣扬，李玉荣. 医者仁心 [M]. 合肥：安徽大学出版社，2018：128.
③ 孙思邈. 孙真人千金方 [M]. 李景荣，等校订. 北京：人民卫生出版社，1996.
④ 吴谦，等. 医宗金鉴 [M]. 北京：人民卫生出版社，2006：6.

的防护服不透气，几个小时下来，他们全身湿透。那些医护工作者脸上的勒痕令人感动。

为了防控疫情，有些医护人员献出了宝贵的生命。武昌医院刘智明院长被感染住院后，依然放心不下工作，他总是说："我是院长啊，我丢不下。"即便上了呼吸机，他还不忘叮嘱保障同事安全事宜。他没有等到战胜疫魔的那一天，生命永远定格在51岁。武汉市江夏区第一人民医院彭银华医生原定于2020年2月1日补办婚礼，却因疫情推迟，直到他在金银潭医院因感染新冠病毒不幸去世，抽屉里印好的请帖还没有机会送出去。医护人员用生命坚守职责，用爱和生命筑成"白衣长城"。

（三）大爱无疆

从救死扶伤到医者仁心是医师职业精神的升华。"救死扶伤"关注病人的疾病和生理，而"医者仁心"更重视病人的心理和精神层面。如果医护人员只有救死扶伤的工作职责，没有仁爱之心，他们就会把工作重心放在那些能客观测量到的病征上。医生见病不见人，就会忽视病人的尊严维护和人性关怀。特鲁多（Trudeau）医生一再忠告医护工作者，对病人要"偶尔治愈，常常帮助，总是安慰"。《黄帝内经》也说"病为本，工为标"，[①] 强调医术最终是为病人的生命质量服务的。

对弱势群体的关爱，最能彰显医护人员大爱无疆。疫情期间，武汉卓尔长江应急医院收治60岁以上老年患者62名，由于老人们方言口音重，护士们就画了一套漫画，告诉老人要多喝水、多吃饭，怎样服药，难受的时候如何快速告诉护士。两个月大的感染新冠病毒患儿，一见到广州市妇女儿童医疗中心代理妈妈们就咧嘴笑，她把穿着防护服的人当成了妈妈。江苏省昆山市中医院8位"临时妈妈"为了逗5岁患儿高兴，给他带来玩具、零食，还讲故事、教画画，14天后孩子平安出院。

---

① 王庆其，陈晓. 黄帝内经精选导读［M］. 上海：上海科学普及出版社，2021：251.

医者仁心深深感动了患者。47岁重症患者陈先生被治愈出院，和别人不同的是，他手心写满了要感谢的医护人员的名字，手里还攥着一封感谢信。"尽管你们全副武装，让我无法看清你们可爱的脸，但我从你们满是雾气的眼罩里真切感受到你们亲切的笑容和大爱。你们是无数逆行者的缩影，你们的无私奉献精神让我备受感动……"[①] 为了安全起见，患者与医护人员不能面对面，患者常说："你救了我的命，我却连你的样子都没真正见过。"在简单的送行仪式上，他们只能隔空拥抱。这样的场面，疫情期间在武汉、湖北乃至全国经常出现。

三、医护人员的初心

（一）党的初心使命

全心全意为人民服务是中国共产党的初心和使命。《共产党宣言》指出："过去的一切运动都是少数人的或者为少数人谋利益的运动。无产阶级的运动是绝大多数人的、为绝大多数人谋利益的独立的运动。""共产党人始终代表整个运动的利益。它的全部活动的出发点和最终目的，都是为了工人阶级和劳动人民的利益而奋斗。"[②] 作为工人阶级先锋队的中国共产党，除了忠实地代表广大人民群众的根本利益以外，没有其他任何特殊利益。毛泽东说："我们共产党人区别于其他任何政党的又一个显著的标志，就是和最广大的人民群众取得最密切的联系、全心全意地为人民服务，一刻也不脱离群众；一切从人民的利益出发，而不是从个人或小集团的利益出发。"[③] 邓小平说："中国共产党的含义或任务，如果用概括的语言来说，只有两句话：全心全意为人民服务，一切以人民利益作为每一个

[①] 张赫.31名重症患者出院[N].健康时报，2020-02-19（1）.

[②] 马克思，恩格斯.马克思恩格斯选集：第一卷[M].2版.中共中央马克思恩格斯列宁斯大林著作编译局，编译.北京：人民出版社，1995：283.

[③] 毛泽东.毛泽东选集：第三卷[M].北京：人民出版社，1991：1094-1095.

党员的最高准绳。"① 人民立场是中国共产党的根本政治立场，也是马克思主义政党区别于其他政党的显著标志。习近平指出："党性和人民性从来都是一致的、统一的。"② 坚持党性和人民性的统一，就是要坚持以广大人民群众的根本利益为最高利益，把全心全意为人民服务作为全部活动的依据和根本标准，把实现好、维护好、发展好最广大人民的根本利益作为出发点和落脚点，切实解决人民群众最关心、最直接、最现实的利益问题。

党性作为一个政党固有的本质特性，不仅体现在党的纲领、路线、方针政策上，还具体体现在每个党员的思想言论和行动中。党员是党的细胞，是党性的直接体现者。党是由党员按照民主集中制原则组织起来的有机整体。党能否保持工人阶级先锋队的性质，能否密切联系群众，能否得到群众的拥护和爱戴，在很大程度上取决于广大党员的具体言论和行动能否充分体现党性原则。党的工人阶级先锋队性质决定党员的党性。每个党员的党性修养不仅决定着自己党性觉悟的高低，还直接影响着党的性质和战斗力。"关键时刻冲得上去、危难关头豁得出来，才是真正的共产党人。"③ 在抗疫一线，党员医务工作者冲锋在前，把人民群众的安危放在首位，展现出崇高的奉献精神。广大党员干部关键时刻冲得上去，危难关头豁得出来，以坚定的信念和行动，彰显了"疫情就是命令，防控就是责任"的政治自觉，展现了当代共产党人的本色。

（二）践行初心使命

中国共产党人的初心和使命，就是为中国人民谋幸福，为中华民族谋复兴，集中体现了党的性质宗旨、理想信念和奋斗目标。

---

① 邓小平. 邓小平文选：第一卷 [M]. 北京：人民出版社，1994：257.
② 习近平. 胸怀大局把握大势着眼大事 努力把宣传思想工作做得更好 [N]. 人民日报，2013-08-21 (1).
③ 习近平. 在统筹推进新冠肺炎疫情防控和经济社会发展工作部署会议上的讲话 [N]. 经济日报，2020-02-24 (3).

疫情期间，党员医护人员主动请缨到疫情一线，他们是"最美的逆行者"。例如，2020年1月22日，由30余人组成的武汉协和医院内科党员突击队，迅速投入对口支援的发热定点医院。

医院基层党组织起到战斗堡垒作用。上海第一批援鄂医疗队抵达武汉当晚即成立临时党支部，他们"勇敢地与病人并肩战斗，不抛弃，不放弃！"党员带头值守最有风险的岗位。北京协和医院援湖医疗队一到武汉驻地就成立5个临时党支部，急难险重的阵地由党员带头上。

四、医护职业精神的升华

（一）医护职业精神

医护职业精神（medical professionalism）与专业（profession）和职业精神（professionalism）这两个词汇有着密切联系。profession来源于拉丁语"professio"，是指带有公开承诺性质的宣言。profession指某些特定群体公开宣称其成员行为符合某种规定的方式，社会和该群体有权管束那些不遵守准则的成员。profession的重要特征是个人利益的消除，核心内涵表现为利他主义。"professionalism"通常用来表现在实践过程中每个成员的行为、技能和态度，包括遵守道德、能力维持、诚实守信、恪守行规、利他主义、严于律己等一些核心观念。"medical professionalism"是指把医学当作某种"profession"时应具有的品格，包括医学技能、患者利益首位、回报社会、利他主义、行业自治等。

2002年，美国内科理事会（ABIM）基金会、美国内科医生学会－美国内科学会（ACP－ASIM）基金会和欧洲内科医生联盟（EFIM）共同研究并发布《新千年医学专业精神：医师宪章》，标志着医疗行业与社会盟约的形成。该宪章确立了医护职业精神的三条基本原则："把患者利益放在首位的原则""患者自主原则""社会公平原则"。职业责任包括对患者诚实、为患者保密、与患者保持适当关系、对职责负责、提高业务能力、促进享有医疗、提高医疗质量、对科学知识负责、对有限资源进行公平分配、通过解决利益冲突而维护信任等。西方学者从概念出发确定了医护职业精神的内容,提出医护职业精神应包括三方面:人与人之间的职业精神、公众职业精神和个人内心的职业精神。[1] 这是对古希腊希波克拉底(Hippocrates)誓言的继承,他宣扬的"竭尽所能为患者利益着想,不做任何有害患者健康的事情""凭良心行医""替患者保守秘密"等准则一直被医学行业奉为最基本的道德要求。[2] 至今,中国、英国、美国、法国、德国、加拿大等36个国家和地区的130个国际医学组织认可和签署了此宣言。2005年5月,中国医师协会开始推行"医师宪章"活动,并向全国医护人员发出倡议。

2011年6月,中国医师协会发布了《中国医师宣言》。该宣言指出,医师应遵循病人利益至上的基本原则,弘扬人道主义的职业精神,恪守预防为主和救死扶伤的社会责任。宣言作出六方面承诺:平等仁爱、患者至上、真诚守信、精进审慎、廉洁公正、终身学习。坚守医乃仁术的宗旨和济世救人的使命;关爱患者,无论患者民族、性别、贫富、宗教信仰和社会地位如何,一视同仁。尊重患者的权利,维护患者的利益;尊重患者及其家属在充分知情条件下对诊疗决策的决定权。

医护职业精神既包括医护人员的"救死扶伤"职责,也包括"医者仁心";前者最需要医护人员的专业知识技能,后者更加彰显医护人员的爱人之心。医学最早作为"一种防病治病的技术"而诞生和存在,早期生物医学模式要求医护人员以疾病为中心,片面强调技术对人们的健康和生命的决定作用,因而医护人员往往只关注疾病而冷漠患者,患者也会抱怨医护人员把他们当作一架机器拆来拆去,缺乏人情味。现代医学模式要

---

[1] 梁莉,王振方. 中西方医学专业精神异同:概念的比较 [J]. 医学与哲学(人文社会医学版),2009,30(10):18-20.
[2] 胡林英,丛亚丽. 医学专业精神的初步研究 [J]. 医学与哲学(人文社会医学版),2007(3):10-13.

求医护人员以患者为中心,把患者作为一个主体,既要从生物学角度对患者予以正确的治疗,又要充分考虑心理和社会因素对患者的影响,急患者所急,想患者所想,时时处处把患者的利益放在第一位。一个合格的医护工作者,必须具备熟练的专业知识技能和高尚的职业道德品质,即德才兼备。清代名医吴鞠通认为:"天下万事,莫不成于才,莫不统于德。无才固不足以成德,无德以统才,则才为跋扈之才,实足以败,断无可成。有德者,必有不忍人之心。不忍人之心油然而生,必力学诚求。"[1] 明代名医龚廷贤指出:"以余论之,医乃生死所寄,责任匪轻……当以太上好生之德为心。"[2] 抗疫医护人员出于职业神圣感而挺身而出,其爱岗敬业精神应当肯定;他们关心爱护患者,其仁爱之心更值得赞扬。

医护职业精神从传统医德学发展而来,"仁爱"思想贯穿始终。医师的行医戒条和美德是医德学的主要内容,主要载于医学典籍和体现在医护人员的身体力行中。例如,古希腊的《希波克拉底誓言》、中世纪的《迈蒙尼提斯祷文》,我国古代的《黄帝内经》《备急千金要方》《医家五戒十要》等均有对医德的阐述。纵观医学伦理发展,不难发现"善"是医学的核心和精髓,只有"心存仁义之心"的"仁爱之人",才能将医学真正变成济世救人的"仁术"。医学的这种道德属性是其所固有的、内在的,是医学的本性,不是外界强加于医学的。

(二) 党性修养

党性修养是党员干部在学习工作生活中,遵循党章规定、党性原则、党性要求,依靠自我修养不断改造自己思想,不断提升和完善自己的过程,本质是党员个体的自我教育、自我锻炼、自我完善、自我改造。加强党性修养,是党员立身做人、干事创业的永恒课题,是保持党的先进性、纯洁性的必然要求,也是各级党组织始终保持强大凝聚力、

---

[1] 陈晓阳,曹永福. 医学伦理学 [M]. 济南:山东大学出版社,2002:198.
[2] 龚廷贤. 万病回春 [M] 周耀庭,点校. 北京:人民卫生出版社,1984.

创造力和战斗力的重要保证。

党性修养是医护职业精神的升华。"共产党员的党性，就是无产者阶级性最高而集中的表现，就是无产者本质的最高表现，就是无产阶级利益最高而集中的表现。"[1] 习近平总书记指出："党性是党员干部立身、立业、立言、立德的基石，必须在严格的党内生活锻炼中不断增强。"[2] 广大党员医护工作者第一时间响应党中央的号召，站在疫情防控的最前沿，以无畏精神与病魔较量，切实"把人民群众生命安全和身体健康放在第一位"，展现了新时代医护工作者的精神风貌和良好形象。

第二节 帮扶大城市支出型贫困

支出型贫困概念由上海市民政局首次提出，2011年上海市政府工作报告中首次出现"建立家庭支出型贫困预警和综合帮扶机制"，随后上海市浦东新区、静安区、闸北区等试点开展支出型贫困家庭的纳保工作，并探索建立支出型贫困的计算机评估模型以及支出型贫困救助的具体操作流程和办法，建立起发现、评估、预警和帮扶机制。上海人形象地称支出型贫困为"上海式贫困"，其实，"上海式贫困"在中国城市具有普遍性。

一、支出型贫困提出的理论意义

对贫困问题研究主要有两种视角：一种是从微观视角研究个体或家庭贫困发生的原因以及如何摆脱这种贫困状况的理论，如"功能贫困理

---

[1] 刘少奇. 刘少奇论党的建设 [M]. 北京：中央文献出版社，1991：225.
[2] 批评和自我批评，动了真格：习近平在河北省委常委班子专题民主生活会上的讲话 [N]. 人民日报（海外版），2013-09-27（1）.

论""能力贫困理论""贫困代际传递理论"等;另一种是从宏观视角考察一个国家整体贫困发生的机理以及如何打破贫困陷阱,实现国家的工业化和现代化的理论,这一理论演进经历了结构主义贫困理论、新古典主义贫困理论和激进主义贫困理论。[①] 上海市率先提出支出型贫困概念,在微观研究上丰富和发展了贫困理论,主要体现在三个方面:贫困度量以支出为标准,救助目标以风险预防为主,救助对象以家庭为单位。

(一) 贫困度量以支出为标准

国际上判断贫困线的常用标准方法有市场菜篮法、恩格尔系数法、生活形态法和国际贫困线标准四种。市场菜篮法(又称"标准预算法")是一种广泛使用的确定贫困线的方法,其做法是按照社会所公认维持家庭或个人最起码生活水准的必需品种类和数量,以市场价格计算出购买这些生活必需品所需的收入,而这一收入就是贫困线。恩格尔系数法建立在恩格尔定律的基础上,它以食品消费支出占总消费支出的比例来表示贫困线,国际上常以恩格尔系数超过59%作为判断贫困的标准。生活形态法从人们的生活方式、消费行为等生活形态入手,提出一系列有关贫困家庭生活形态的问题,让被调查者回答,选择出若干"剥夺指标";再根据这些剥夺指标和被调查者的实际生活状况,来确定哪些人属于贫困者,然后再分析他们(被剥夺)的需求以及消费和收入,求出贫困线,即最低生活保障线。国际贫困线标准实际上是一种收入比例法,经济合作与发展组织提出,以一个国家或地区社会中位收入或平均收入的50% ~ 60%作为这个国家或地区的贫困线,即最低生活保障线。我国各地的最低生活保障标准使用的是生活需求法。国务院发布的《城市居民最低生活保障条例》指出:"城市居民最低生活保障标准,按照当地维持城市居民基本生活所必需的衣、食、住费用,并适当考虑水电燃煤(燃气)费用及未成年人的

[①] 楚永生,石晓玉. 宏观视角下贫困理论的演进及其意义 [J]. 理论学刊, 2008 (2): 55 - 59.

义务教育费用确定。"

在贫困识别方面，目前衡量手段主要还是收入贫困线。虽然以收入作为计量手段和结果的贫困线标准具有简单、客观、稳定等优点，但其明显的缺点是，没有考虑到个体由于发生不可避免的大宗硬性支出导致的贫困，这种贫困筛选法忽略了对贫困边缘群体遭遇不测后生活状况的关注与救助。上海市生活救助体系则不再仅以收入为标准，而改为参考收入与支出等综合因素，形成新的贫困评估指标。其中"硬支出"不仅包括衣食住行支出，还包括医疗、教育等方面支出，甚至可能细化到家庭上网费、学校校服费等。除此之外，新的贫困评估指标还将贫困分为不同等级，并根据不同等级给予不同标准的补助。社会救助由目前单一的"收入型贫困"向"支出型贫困"辐射，是我国救助政策的重大调整。这种双管齐下的做法，将大大拓展社会救助覆盖面，使救助工作更加人性化，更加科学、合理、公平。

（二）救助目标以风险预防为主

现代社会是一个充满希望的社会，也是一个充满风险的社会。乌尔里希·贝克（Ulrich Beck）认为，当代人正生活在文明的火山口上；[1] 安东尼·吉登斯（Anthony Giddens）则指出，这个世界看起来越来越不受我们的控制，成了一个"失控的世界"[2]。现代风险超出了人们预先检测和事后处理的能力，也超出了现在社会保障制度所能覆盖的范围。这个不确定性，既包括科技导致不可控制的事故，人们无法对其进行准确的预测；又包括人类活动导致环境畸变等长期不良后果。社会保障体系是政府和社会在成员面临风险、危机时提供的各种保护制度和措施，是一种社会安全网和保护伞，关注人的生存权和发展权。建设一个健全有效的社会保障体系，已经成为建设现代化社会的重要内容。

---

[1] 乌尔里希·贝克. 风险社会［M］. 何博闻，译. 南京：译林出版社，2004.
[2] 安东尼·吉登斯. 失控的世界［M］. 周红云，译. 南昌：江西人民出版社，2001.

从物质匮乏论、社会排斥论到能力贫困论，都是对贫困作出的归因分析，没有考虑到一个正常人在遭遇不测时的抗风险能力。传统福利理论将贫困视为物质资源和收入的匮乏，关注的是生活水平、收入等消费方面。社会排斥论注重考察多层次的不利条件如何使社会弱势群体陷入缺乏维持最低生活标准的能力，从而被排斥出主流社会。它不但包括经济资源上的长期匮乏，尤其重视人在社会关系上、心理上、文化上和政治参与上长期被隔绝的状况。阿马蒂亚·森（Amartya Sen）则认为："有很好的理由把贫困看作对基本的可行能力的剥夺，而不仅仅是收入低下。"[①] 能力是一个人能够实现的各种功能的集合，核心是用"个人在生活中实现各种有价值的功能的实际能力"来评价生活质量。正如世界银行报告所言："贫困不仅指物质的匮乏，而且还包括低水平的教育和健康；除此之外，贫困还包括风险和面临风险时的脆弱性，以及不能表达自身的需求和缺乏参与机会。"[②] 通常，支出型贫困家庭收入高于普通贫困人口，处于社会救助的"夹心层"，抗风险能力比较弱，一旦遇到突如其来的重大疾病、天灾等刚性支出的影响，往往比低保户更困难。他们遇到的困难非常大，或者持续时间很长，导致他们所储备的资源枯竭，并且直至因丧失预期归还能力而难以预支资源时，才会真正陷入贫困。

（三）救助对象以家庭为单位

家庭是社会的细胞，许多社会都要求由家庭首先担负起解决个人贫困的责任。《民法典》第1059条规定："夫妻有互相扶养的义务。需要扶养的一方，在另一方不履行扶养义务时，有要求其给付抚养费的权利。"此外，父母对子女有抚养教育的义务；子女对父母有赡养扶助的义务。按照中国人的传统，父母老了就由子女共同或者轮流赡养。与西方不同，中国

[①] 阿马蒂亚·森. 以自由看待发展 [M]. 任赜, 于真, 译. 北京：中国人民大学出版社, 2002: 2.
[②] 世界银行. 1990年世界发展报告：贫困问题·社会发展指标 [M]. 北京：中国财政经济出版社, 1990: 2.

传统家庭构成社会生活的核心和基础,为家庭成员提供包括养老、医疗、生育、救济、福利等全方位的保障功能。

应以家庭为单位对支出型贫困对象进行救助。在上海,支出型贫困家庭是指具有上海市常住户口的城乡居民,其共同生活的家庭成员基于重大疾病、子女上学、突发事件等原因,造成家庭刚性支出过大,远远超出家庭的承受能力,实际生活水平低于最低生活保障标准且短期内(连续6个月)不可能改变的城乡困难家庭。救助对象包括两类:一类是经过各种救助后仍有突出困难的低保家庭;另一类是现行救助政策覆盖不到的临时困难家庭和低保边缘家庭。家庭成员是指具有法定赡养、扶养或抚养关系的人员,包括祖父母(外祖父母)、父母(公婆或岳父母)、配偶、子女、孙子女(外孙子女)以及其他直系亲属。支出型贫困家庭必须同时具备以下条件:一是共同生活的家庭成员中存在患重大疾病、子女就学困难、发生突发性事件;二是家庭短期内刚性支出过大,远远超过收入;三是家庭实际生活水平低于上海市城乡居民最低生活保障标准。

二、上海市支出型贫困的救助模式

上海市民政部门积极探索支出型贫困家庭的社会救助模式,杨浦区建立支出型贫困家庭的"发现-帮扶-跟踪-评估"机制,推进"杨浦区特殊困难家庭慈善援助住院医疗补贴计划";黄浦区建立发现机制,调整完善区、街道两级审批制度,构建"政府牵头、部门配合、社会参与、社团运作、依托社区、综合帮扶"的运作模式。与此同时,静安、长宁、虹口、徐汇等区建立了支出型贫困家庭救助模式,构建了更加完善的现代社会救助体系。

(一)"五四三二一"帮扶救助体系

静安区以健全支出型贫困的评估和帮扶模式为抓手,加大扶贫工作力度,对支出型贫困家庭实施帮扶补贴,切实缓解支出型贫困家庭的基本生活困难。2007年底，静安区确立了"五四三二一"的综合帮扶救助体系框架，即"五项帮扶补贴、四项福利措施、三级工作网络、两个评议制度、一个系统整合"，通过"个案帮扶、项目帮扶、特定帮扶"，保证项目实施有序推进。从2010年11月开始，静安区遵循"政府指导、社会化运作，先虚后实、分阶段推进，规范操作、项目化实施"的基本原则，在先期试点的基础上，并经与市民政局共研、外区试验、模拟评估、实体救助、完善系统，基本验证了救助体系的科学性和实体操作的可行性，在全市率先制定了支出型贫困救助的操作规范。2012年，静安区根据《关于"支出型"贫困家庭综合评估和帮扶补贴的试点办法（试行）》，在全市率先对支出型贫困家庭实施帮扶补贴工作，并作为政府为民办实事项目加以推进。

（二）"四医联动"医疗保障模式

2010年，长宁区民政、财政、卫生、医疗保障等四部门联合出台"四医联动"措施，推出"基本医疗保险＋基本医疗服务＋政府医疗救助＋社会组织医疗帮扶"的基本医疗保障模式。"四医联动"模式将医保基金、救助资金、慈善资金进行统筹，纳入一个措施，形成合力，发挥了联动作用。针对困难人员因起付线缺乏参加居民保险动力的问题，采取临时救助资助其参保。纳入各类医保的困难人员在就医时首先享受医保基金支付，再由民政医疗救助和临时救助支付相应比例的自负费用。如果困难人员全年实际自负的医疗费高于一定金额，还可引入慈善资金。救助对象涵盖长宁区内民政特殊救济对象、低保人员、低保残疾和患重大疾病人员非本区户籍配偶、低收入患重大疾病人员、65周岁以上无业老人和因病致贫人员等6类困难群体。同时，不分疾病类型和就医形式，对各种疾病的门急诊、家庭病床、急诊留院观察、住院治疗"一揽子"保障。在就医结算时，保障对象除享受医保外，医保支付范围内由个人自负的部分，享受90%（区属二级医院就医）或95%（社区卫生服务中心就医）的保障,从而实现救助覆盖面扩大,救助水平提高。

(三) 四项帮扶机制

虹口区积极探索四项帮扶机制(发现机制、锁定机制、核准机制、督查机制),通过信息反馈,对共性问题努力完善政策,对个性问题采取"个案帮扶"的方式予以解决。一是发现机制。充分发挥楼组长、社区志愿者和块长的作用,形成发现、监控和预警机制;分别从居委会、街道、民政局三个层面深入了解,充分利用区实有人口信息化管理网络平台,及时发现已经形成的支出型贫困家庭和即将形成的支出型贫困家庭,做好备案。二是锁定机制。街道社区事务受理服务中心运用信息软件锁定支出型家庭,及时建立支出型贫困家庭档案,掌握支出型贫困家庭的救助动态和趋势,反馈到区社会救助事务中心,及时实施帮困救助。三是核准机制。对各类对象的收入和支出情况开展有效甄别,使"核贫"方式更合理科学;加快廉租房收入核对系统向社会救助工作移植的进度,增强收入核对准确性和权威性,确定支出型贫困标准线。四是督查机制。街道、居委会及时做好对支出型贫困家庭综合帮扶后的信息反馈工作,坚持每月督查,通过信息反馈,发现问题,及时研究改进和解决方案,不断完善帮扶机制,提高帮扶资金使用效率。

(四) "五可"帮困救助模式

徐汇区探索"五可"(可分类、可组合、可叠加、可联动、可进出)帮困救助运作方式。一是可分类。根据贫困群体救助需求的多样性以及困难程度的差异性,提供多层次、多样化、多类型的救助保障,做到突出重点、兼顾一般、分类救助。例如,将困难家庭分为低保家庭(又可细分为老弱病残低保家庭和一般低保家庭)、低收入困难家庭和其他困难家庭。二是可组合,指生活困难的家庭可享受社会最低保障金,同时根据其仍然困难的情况,对其进行组合救助,使其在生活、教育、医疗、住房等方面的困难得到相应的救助。三是可叠加,指如果在实施帮困救助后,困难对象的困难仍未缓解或解决，可采取叠加救助的方式，实施"应帮即帮"。四是可联动，指充分发挥政府部门与社会帮困、民间公益性帮困的联手互动作用，形成资源、信息效率联动的帮困优势，让困难群体得到更有效的帮扶。救助联动要通过区救助帮困"一口上下"信息管理系统，实施社会救助"一口上下"运作管理机制，民政综合管理服务，劳动保障、教育、房地、卫生（医保）等部门各司其职，密切配合。强化统筹力度，密切部门之间的协作，统一资金的进出，形成政策整合、资金整合、制度整合的效用。五是可进出，指在贯彻执行城镇最低生活保障制度以及各项帮困救助政策法规中，依法行政，严格、规范管理。针对低保、低收入对象收入变化情况及时进行调整，做到"应进即进、应出须出"。鼓励和创造条件让有劳动能力和就业年龄段的低保对象，通过就业改善生活，走出困境。同时，对符合低保条件的要及时纳保，做到应保确保；对通过复审符合条件退出低保或不允许再享受其他各类帮困的，应按要求明确退出。"五可"运作方式的基础是帮困对象的可分类，对困难群体的不同类别、不同需求，应有不同的救助标准；对困难群体的不同困难程度，救助后仍然困难的，可采用单项或专项组合、叠加等方式救助；对政府各部门及社会慈善的救助政策和措施，可采用"联动"的方式救助，共同做好帮困救助工作；在实施"应保确保"的同时，对复审后不能再享受低保政策的对象应实施"逐渐退出"的救助政策。

三、上海市帮扶支出型贫困的经验启示

上海市探索建立了两个机制：一是低保标准与物价指数、人均消费支出、最低工资标准、经济和社会发展等关联因素的联动机制；二是潜在贫困群体的发现、预警、早期干预和综合帮扶机制。通过以上两个机制，上海市破解了支出型贫困难题，建立了科学的"硬支出"核贫指标体系，进一步提高了社区综合帮扶的能力。

一是构建信息平台，形成支出型贫困群体的发现、监控和预警机制。上海市建立了"市民收入核对系统"。2009年，上海市出台《上海市居民经济状况核对办法》，该办法适用于政府相关部门在实施最低生活保障、医疗救助、教育救助、住房保障等制度时，对提出申请的居民个人或者家庭，委托上海市居民经济状况核对机构对其经济状况开展调查、核实以及出具书面报告。核对的内容主要包括核对对象的可支配收入和财产。可支配收入包括工资性收入、经营性净收入、财产性收入、转移性收入等，财产包括实物财产、货币财产等。核对机构可以运用入户调查、邻里访问、信函索证以及调取政府相关部门信息等方式开展核对工作。其中，对工资性收入可以通过调查就业和劳动报酬、各种福利收入，以及社会保险费、住房公积金、个人所得税的缴纳情况等得出；对经营性净收入可以通过调查工商登记、企业或个体工商户的生产经营情况以及企业所得税的缴纳情况等得出；对财产性收入可以通过调查利息、股息与红利、保险收益、出租房屋收入以及知识产权的收益情况等得出；对转移性收入可以通过调查养老金、失业保险金、社会救济金、住房公积金的领取情况，以及获得赠与、补偿和赔偿的情况等得出；对实物财产可以通过调查房产、车辆，以及古董、艺术品等有较大价值实物的拥有情况等得出；对货币财产可以通过调查存款、有价证券持有情况、债权债务情况等得出。通过建立统一、规范的市民经济状况核对制度，上海市促进了资源整合和信息共享，保障该市社会救助、社会福利制度的公平、有效实施。

二是调动多方力量，探索社区市民综合帮扶机制。社区市民综合帮扶工作按照"政府牵头、部门配合、社会参与、社团运作、依托社区、综合帮扶"的工作原则，坚持实行"一口上下"的运行机制，在政府的积极倡导和推动下，充分调动社会积极因素，有效整合各种帮扶资源，根据社区群众的实际情况，在确保公开、公平、公正的基础上，以不同形式，不同途径，因地制宜地开展工作，缓解市民突出的生活困难。具体做法：采取政府资助、社会募集、福利金出资相结合的方式,在市和区县建立综合帮扶基金;采用社会慈善形式,委托基金会民间组织负责操作。[①] 通过三种形式开展帮扶:一是个案帮扶,主要是针对辖区范围内不具有共性的、暂时又无法以政府制度性救助政策解决的个别困难情况,按照"特殊困难、个案处理"的办法,为对象提供综合性、应急性、临时性的帮扶服务。二是项目帮扶,主要针对辖区范围内目前救助政策覆盖不到或虽已覆盖到,但仍存在突出困难,暂时又无法以政府制度性救助政策解决的群体性困难情况,按照设立的帮扶项目给予项目帮扶。三是特定帮扶,针对天灾人祸等特定事件开展帮扶,社区外来务工人员遇到特殊困难时也能享受到帮扶。目前,在各项保障制度和救助政策难以有较大突破的情况下,上海市民政局通过政府引导的方式,在全社会动员和挖掘民间力量,同时整合统筹社区各类资源,通过"一户家庭、一个故事、一套方案、一缕阳光"的"社区市民综合帮扶"计划,帮助那些在得到政府救济、单位帮困和其他社会制度性互助保障等措施后依然困难的市民。这一机制解决了政府救济暂时没有或者不能解决的群众"急、难、愁"问题,有效、及时地将突出矛盾化解在社区中。

三是深化分类施保,提供"保基本、可叠加、多组合"的救助套餐。"分类施保"就是根据贫困群体的多样性需求以及困难程度提供多层次、多样化、多类型的救助保障。2001年,上海市根据困难群体的不同致贫原因,提出了"科学分类、区别救助"的工作理念,并在2002年上海市政府专门文件中明确"加强分类救助,完善救助联动机制,促进有劳动能力的对象的自助自立",从而确立了上海市分类救助的政策导向。"保基本"就是要确保困难群众维持基本的生活水平。最低生活保障标准的确定应当综合参考以下因素:社会人均实际生活水平;维持最低生活水平所必需的费用;物价指数;经济发展水平和财政状况。"可叠加"就是针

[①] 曹扶生.上海城市贫困问题与反贫困对策研究[D].上海:华东师范大学,2009:54.

对贫困群体的共性特点，设计各类救济性项目。叠加是同类困难的再次救助和帮扶，应与组合救助方式相结合，对已获得救助但生活仍困难的家庭或个人，可通过其他方面的帮扶政策和资金予以叠加帮困，缓解和解决该家庭和对象的生活困难。救助政策和救助方式的叠加，可采取补助资金、补给实物、鼓励就业等方式，叠加帮扶以一次性或临时性为主。"多组合"就是根据困难群体的个性化需求，由政府和社会提供不同类型的救助套餐。可采取"什么困难补什么，缺什么给什么"的组合保障方式，使困难家庭在基本生活、医疗、教育、住房等方面得到救助，实现"应保确保"。

四是健全"四环联动"，确保各类社会保障制度无缝衔接。上海市民政局不断完善就业、保险、救助和慈善的"四环联动"社会保障机制。对有劳动能力的困难对象，想尽一切办法推动其就业自立；对符合老龄纳保等条件的困难对象，促使其首先享受各类社会保障政策；对各类保障制度不能覆盖或覆盖后仍有困难的对象，实行托底性的政府救济；对各类救助后仍有特殊困难的对象，发挥社会互助和慈善帮困的作用给予柔性的帮扶。社会救助与社会保险、社会福利、社会互助之间形成无缝衔接，重点是健全城市最低生活保障制度，形成四条保障线的合理调整机制，形成梯次保障结构，从多方面、多层次满足城市居民多元化的社会保障需求。社会救助体系的基本立足点是保障困难群众的基本生活，而各单项救助制度解决的是困难群众生活的某一方面的问题，有必要衔接整合各单项救助制度，使各单项救助制度互通、互联、互补，构成一个有机的制度体系。徐汇区救助联动坚持以政府救助、慈善帮困、社区市民综合帮扶、家庭帮助相结合的救助途径，切实使低保对象、低收入困难群众得到制度保、临时补、社会助，有效解决生活的基本保障问题；坚持救助与就业互联，救助与保险互动，政府救助与社会扶助互补，切实使困难人员及时解困、应保人员及时进保、出保人员及时就业，确保救助工作真正达到惠及困难群众的目标。

现行低保制度主要解决"低收入、低支出"的矛盾,对"低收入、高支出"以及"中收入、高支出"的问题关注不够。虽然医疗救助、教育救助等单项救助制度缓解了部分贫困群体的支出困难,但享受这些单项救助制度一般以低保为前提或与之挂钩,存在一定的局限性。为此,上海市率先探索支出型贫困家庭的社会救助和综合帮扶模式,取得了一定成就和经验:一是深化分类施保,以医疗、教育等专项救助为重点,形成在低保救助基础上的"保基本、可叠加、多组合"的救助套餐;二是健全就业、保险、救助和慈善的四环联动,与各类社会保障制度无缝衔接,从根本上解决支出型贫困;三是培育民间组织,动员和挖掘民间的力量,加强综合帮扶类民间组织的能力建设,发挥它们在救助领域提供资金、服务的作用;四是构建信息平台,形成支出型贫困群体的发现、监控和预警机制,使之成为贫困信息的集散地、社会奉献爱心的桥梁和政府决策的支撑。

第三节 推进城市流动人口公共服务均等化

上海市公共服务均等化问题主要是城市中的流动人口(主要为农民工)与户籍人口之间在政治权利、经济收入、社会保障、公共服务等方面存在的差距。化解公共服务均等化问题是创新社会治理、实现社会公平的客观要求,也是改善民生、建设和谐社会的必然要求,符合上海市倡导的"公正、包容、责任、诚信"的价值取向。公共服务均等化问题是上海、北京、广州等大城市亟须解决的重大现实问题,它使城市管理压力加大、公共服务资源紧张、社会治安形势严峻以及群体性矛盾风险积聚,影响城市经济社会的可持续发展。第七次全国人口普查数据显示,上海市常住人口超 2487.08 万人，其中外来户籍人口 1047.96 万人，社会治理成本较高。上海市率先破解公共服务均等化难题，其做法和经验能为其他城市解决此问题提供经验借鉴。

一、公共服务均等化特征

（一）城乡二元结构与公共服务均等化难题相互交织

公共服务均等化由城乡二元结构演化而来，是传统城乡二元结构在城市的延伸和表现。我国城乡二元结构初步形成于 1953—1957 年，主要表现为"户警相结合"的户籍管理模式的确立和粮食统购统销制度的建立。1958—1961 年是我国城乡二元结构全面确立时期。1958 年 1 月，《户口登记条例》颁布，正式确立了我国户籍管理制度，此法律至今还在我国户籍管理中发挥着重要作用。1961 年，公安部进一步明确了"农业人口"的具体含义，我国正式实施城乡分离的户籍制度。1962—1977 年是我国城乡二元结构巩固阶段。1962 年，公安部出台《关于加强户口管理工作的意见》，严格控制农村人口迁往城市，并发行各种票证来控制粮食供求关系。1977 年 11 月，国务院批转《公安部关于处理户口迁移的规定》，制定户口迁移的原则。1978—1985 年，我国城乡二元结构有所改善。改革开放后，家庭联产承包责任制开始实施，促进了农村经济社会发展。

现在行政主导型的城乡二元结构和市场主导型的公共服务均等化相互"叠加"。随着 20 世纪 90 年代以来户籍制度改革加快和限制人口流动政策的放开，大批农民工受经济利益驱动，纷纷涌入上海、北京、广州等经济发达城市。虽然流动人口为城市经济发展作出了重大贡献，但他们不能与城市户籍人口同等享受公共服务资源、社会福利待遇和城市发展成果，两者之间的差距无法彻底消除，从而在城市内部形成了"户籍人口-非户籍人口"差别的公共服务均等化问题。公共服务均等化问题与传统的城乡二元结构形成的动力机制不同。城乡二元结构主要依靠政府的行政力量来形成,是国家制度安排的结果,这些制度包括户籍制度、人民公社制度、财产制度、粮食供给制度、副食品供给制度、教育制度、医疗制度、劳动用工制度、养老制度、社会福利制度、住房制度等;而公共服务均等化问题是受市场力量驱动形成的,是社会建设不足所致。

(二) 户籍制度是形成城乡二元结构和公共服务均等化问题的根源

户籍制度使农村人口无法向城市自由流动,结果形成了非农业人口与农业人口、市民与农民等非常独特的两种身份和待遇。1951年,公安部公布《城市户口管理暂行条例》。1957年,我国开始实行控制户口迁移的政策。1958年,《户口登记条例》对农村人口进入城市作出了约束性的规定,标志着我国严格限制农村人口向城市流动的户口迁移制度的最终形成。城乡二元户籍管理制度阻碍了农村剩余劳动力的合理流动,自20世纪80年代中期开始,户籍制度改革的呼声越来越高,我国一些城镇对户籍政策进行了调整和改革尝试。

"同城待遇"是化解公共服务均等化的难点,也是创新流动人口服务管理体制的重点。流动人口面临着传统城乡二元结构情况下的待遇不平等、部门公共服务缺失等问题,户籍制度改革的主要任务就是剥离附加在户籍之上的福利。在现行户籍制度没有根本性转变的情况下,推进流动人口基本公共服务均等化是化解公共服务均等化问题的关键抓手。

(三) 流动人口基本公共服务均等化是破解公共服务均等化问题的关键抓手

基本公共服务是保护个人最基本的生存权、健康权和发展权所必须提供的公共服务,是一定阶段公共服务应该覆盖的最小范围和边界。它与群众最关心、最直接、最现实的切身利益密切相关,包括基本民生需求的教育、就业、医疗卫生、社会保障等领域。均等化并不是强调所有居民都享有完全一致的基本公共服务,而是在承认人群、地区存在差异的前提下,保障居民都享有一定标准之上的基本公共服务,其实质是实现机会均等、程序均等和结果均等,而不是简单地平均化和无差异化。基本公共服务均等化要求,政府为每位社会成员提供某种公共服务的机会均等,特别是社会中的弱势群体,他们接受某种公共服务的可能性不应受到社会任何排斥或歧视;在公共服务供给过程中,公民可以均等地获得某项基本公共服务;社会成员享受到效用基本无差异的公共服务,这是公共服务均等化的最终目标。

当前,公共服务均等化问题突出表现在流动人口基本公共服务非均等化方面。在教育公共服务方面,流动人口子女多在民办学校就读,民办学校与公办学校相比,在教育资源配置、教学质量方面差距较大;流动人口子女能在城市接受义务教育,但不能在城市普通高中读书和参加高考。在医疗卫生服务方面,仍有部分公共卫生服务内容尚未覆盖到流动人口,如上海社区卫生服务中心多项医疗保健服务内容尚未将来沪人员纳入。在劳动就业服务方面,外来流动人口同城市户籍人口在公共就业服务制度的资源供给、再就业保障制度、就业培训制度执行等方面也存在差异。在社会保障方面,我国虽然建立了以社会保险为内容的流动人口社会保障制度体系,但相较城市人口社会保障制度,两者在覆盖范围、保障内容、执行力度方面仍然有一定差距。此外,在人口计生服务、居住服务、参与社会治理等方面,流动人口仍然不能享受基本公共服务均等化。

二、上海市的做法及经验

(一) 主要做法

1. 基本形成计划生育统一服务管理格局

上海市把强化流动人口计划生育服务作为均等化重点工作加以推进,

基本形成了"一盘棋"式的计划生育统一服务管理格局。初步建立了对流动人口的计生服务制度体系，特别是 2010 年推进国家流动人口计划生育基本公共服务均等化试点工作以来，相关制度加快完善。在计划生育服务的政策层面，流动人口与户籍人口已无差别，基本实现均等化，而对流动人口的限价产前检查、平价住院分娩等服务更是属于"优等化服务"。杨浦区动员流动人口参加"优韵俱乐部"活动，开展免费孕前检测。

2. 努力保障流动人口子女接受义务教育

上海市流动人口子女接受义务教育已实现制度全覆盖，基本实现教育基本公共服务均等化。2008 年以来，闵行区政府将以招收农民工子女为主的民办小学的办学经费纳入义务教育经费保障范围，按市、区 1∶1 的比例予以投入，三年来共投入 1.85 亿元，16 所学校生均建筑面积均达到了市规定的办学标准，并免除学生学杂费和书簿费。通过加大幼儿园园舍建设力度，扩大学前教育规模，上海市尽量满足适龄儿童入园需要，并已启动在城郊接合部设立民办三级幼儿园和农民工子女学前教育看护点等举措，逐步解决农民工子女学前教育资源相对不足的困境。

3. 不断提高流动人口的医疗卫生服务水平

上海市通过实施国家基本公共卫生服务项目和重大公共卫生服务项目，加大医疗卫生服务供给。全市公共卫生服务制度已覆盖到流动人口，上海市民享受到的公共医疗服务能同等地向外来务工人员开放。闵行区从 2003 年起将流动人口肺结核防治纳入常规工作，流动人口肺结核患者享受与户籍人口同等的管理和政府减免优惠政策。宝山区为来沪 6 个月以上人员建立了居民健康档案，将流动人口纳入公共卫生服务统一管理。

4. 逐步提高流动人口的社会保险待遇

上海市建立了以社会保险为内容的流动人口社会保障制度体系，社会保险已覆盖到绝大部分来沪务工人员。2002 年，上海市专门制定了外来从业人员综合保险制度，包括工伤保险、住院医保、养老补贴等待遇，后来又增加了日常医药费补贴，有力维护了以农民工为主体的流动人口的基本社会保障权益。从 2002 年开始，上海市将持有人才引进居住证的外来从业人员纳入"城保"参保范围。2009 年 6 月，上海市发布了《关于外来从业人员参加本市城镇职工基本养老保险若干问题的通知》（沪人社养发〔2009〕22 号），规定来沪务工人员可以参加上海市城镇职工基本医疗保险、养老保险、工伤保险，这一重大制度衔接举措提高了流动人口的社会保险水平。

5. 持续强化流动人口的就业服务

上海市已建立公益性的流动人口就业服务中心，免费提供各种就业服务。上海市流动人口就业服务制度体系较为完善，特别是在劳动维权和就业培训方面，率先实现外来流动人口与沪籍人口的"一体化"。闵行区形成"一个中心、三个人力资源中介园区、十三个就业服务工作站"的流动人口就业服务网络。

（二）基本经验

1. 市级统筹

上海市积极推进流动人口服务管理"一盘棋"工作，在各类规划、行动计划中进行统筹安排。上海市、区政府对流动人口的公共就业服务、义务教育服务、公共卫生服务等方面都作了明确安排。上海市统筹公共服务设施资源配置和人力资源配置，逐步提高基本公共服务的财政统筹层次。

2. 制度保障

上海市重视加强流动人口服务管理的制度建设，2002 年率先建立了流动人口综合保险制度，2006 年出台了《上海市卫生局、上海市财政局关于上海市社区预防保健等公共卫生服务经费使用项目的指导意见》（沪卫疾控〔2006〕69 号），2010 年颁布了《本市发展公共租赁住房的实施意见》。各区县建立了联席会议制度、部门联络员工作制度、部门工作通报汇总制度、工作信息传递制度等工作制度。

3. 部门联动

上海市基本形成组织有力、部门协调、各方联动、共同推进的工作体系。成立了市人口综合服务和管理领导小组、市农民工工作联席会议和市人口计生工作联席会议等三个涉及全市流动人口综合管理服务平台，基本形成了"部门配合、政策衔接、资源共享、综合治理"的统筹协调新机制。

4. 区域协作

上海市向流动人口输出地"源头延伸"，实施"源头管理"，有效实现输出地、输入地的"双向管理"。上海市原人口计生委以"区域协作协议书"的方式和长三角各省建立了社会抚养费征收、公共服务均等化等协作制度，同江苏省、浙江省建立了长三角流动人口服务管理联席会议制度，与安徽、江苏、江西等9省（市）签订了省级流动人口计划生育双向服务管理协议书。

5. 信息共享

2009年9月，上海市政府发布《上海市实有人口服务和管理若干规定（暂行）》，在全市建立部门间信息共享的法律保证机制；率先实现市级人口计生信息系统与国家层面信息系统对接，加强跨省信息交流；建成了全市统一的流动人口计划生育信息管理和行政事务处理电子政务平台，提高了流动人口的计生服务管理效率。

然而，上海市化解公共服务均等化仍存在以下几个方面的问题：一是思想认识不统一，尤其是对流动人口给城市带来的利弊得失以及该如何为其提供公共服务看法不统一。二是体制设计不健全，缺乏综合协调管理部门，部门分割矛盾明显，工作没有形成合力。三是资源配置不合理，公共资源配置与实际人口分布不匹配。四是制度覆盖不全面，区与区之间、部门与部门之间均存在较大差异。五是服务配套不完善，流动人口统计口径不一致,一些专业统计制度尚未建立。

三、国内外经验借鉴

(一) 国内经验

1. 嘉兴模式:专业机构协调型

此模式可概括为:"党政统一领导、专门机构统一协调、职能部门分工负责、社会共同参与,条块结合、以块为主、属地管理。"① 一是创新"专门机构协调型"流动人口服务管理新体制。设立新居民事务局,加强新居民管理和进行居住证改革。二是实施"公共服务均等化"的居住证新制度。对新居民实行临时居住证、普通人员居住证和专业人员居住证分类登记管理,三类证件背后各有一套福利待遇的相应规定。三是建立"精简高效、权责明确"的人员配置和工作机制。四是搭建了上下联通、资源共享的"新居民信息管理系统"平台,实现了信息的动态管理。

2. 宁波模式:"1+X"

一是构建工作体系。2007年,宁波市出台了《关于加强外来务工人员服务与管理工作的意见》,建立流动人口公共服务、权益保障、引导激励、社会环境和组织领导的"五大体系"。二是完善政策体系。2008年1月,宁波独创的流动人口"社保套餐"开始实施,并覆盖到全市所有外来务工人员。以流动人口"社保套餐"为突破,形成"1+18"的政策体系。三是推行积分落户。2010年2月,《宁波市外来务工人员积分落户暂行办法》出台,鼓励优秀外来务工者在宁波"安家落户"。②

---

① 《嘉兴创新》编撰委员会,邵清.嘉兴创新:区域视野中的治理创新报告[M].杭州:浙江人民出版社,2009:56;程茂林,陈爱根.嘉兴:创新流动人口服务管理模式[J].今日浙江,2010 (22):50-51.

② 黄晓红,秦羽.此心安处是吾乡:透视外来务工人员服务管理"宁波模式"[J].今日浙江,2011 (3):52-53;"宁波模式":外来务工人员服务管理领先全国[J].宁波经济,2010 (7):30-31.

3. 无锡模式：大人口机构统筹型

无锡市探索出一条以"大人口观"为理念指导，以"人口委"为机构统筹，以"一证二合同三承诺"为管理手段，以常住人口公共服务均等化为改革方向的人口服务管理体制创新之路，实现了由以社会控制为主的治安管理模式向城市统筹规划、综合服务管理模式的转变。一是以资源整合为手段，创新人口服务管理体制。重视发挥市人口计生委在人口服务管理工作中的"规划指导""综合协调"作用。二是以社会化管理为路径，建立"一证二合同三承诺"的新型人口服务管理工作机制。明确了居住证件持有人、房屋出租人、用工者（单位）的各自责任。三是以公平公正为准则，推进常住人口公共服务均等化和权利义务平等化。四是以人的全面发展为目标，促进人口素质与产业结构、城市功能的互动提升。[①]

4. 深圳模式：居住证及房屋编码制度

2008年，深圳市推行居住证制度，力求解决流动人口管理的"政出多门"现象，它以就业人口为对象办理居住证，从而达到控制无业人员流入的目的。深圳市还对出租屋管理实行出租屋编码卡制度，鼓励住宅出租屋实行集中招租，优先租给企业集体宿舍，规定集体宿舍人均使用面积不得低于3平方米等，既加强了对流动人口的管理，也有效地改善、保障了他们的居住条件。[②]

5. 北京模式：治安管理拓展型

这种管理体制由社会治安综合治理委员会或政法委员会牵头，主要办事机构设在政法委员会或公安局，对流动人口的管理上强调治安及配套的

[①] "大人口机构统筹型"管理体制探索课题组，尹德挺. 变革中的抉择：无锡模式："大人口机构统筹型"服务管理体制创新探索 [J]. 人口与计划生育，2009（5）：9-11；陶鹰. 北京市朝阳区第三届人口与发展论坛综述 [J]. 人口与计划生育，2010（2）：45-46.

[②] 朱少雄，范雪佳，杨朝仁. 城市流动人口服务管理模式研究 [J]. 特区实践与理论，2010（5）：70-73；林海天. 我国流动人口服务管理的主要模式 [N]. 中国社会报，2010-05-27（2）.

管理优先。该模式强调在党委统一领导下，保证主管部门明确的执法权，通过"以房管人"来对流动人口实施有效的管理和服务。"以房管人"抓住了流动人口服务管理的要害，党委统一领导加强了流动人口服务管理的力度。

综上所述，国内经验可以概括为以下几个方面：一是转变理念，嘉兴市赋予流动人口"新居民"身份，取消了"外来农民工""外来人员""外来务工者"等称谓。二是改革制度，宁波市通过"积分制"逐步取消户籍障碍。三是创新体制，无锡市的"大人口机构统筹型"、嘉兴市的"专门机构协调型"以及北京的"治安管理拓展型"都是对流动人口服务和管理体制的创新探索。四是强化机制，嘉兴市建立了新居民服务管理工作联席会议等工作机制。五是分层分类，嘉兴市实行三类居住证的分类登记管理，分层分类提供公共服务。宁波市构建了"1+18"的政策体系，即以外来工"社保套餐"为基础，进一步研究出台外来务工人员18项配套政策。六是信息共享，嘉兴市搭建起上下联通、资源共享的"新居民信息管理系统"平台，实现信息的动态管理。无锡市建立了"社区化集中采集"、"数字化统一管理"、"按权限分类查询"、由市人口计生部门统筹协调的人口综合信息服务网络。七是多元供给，广东省在推进农民工基本公共服务均等化方面，注重采取多种措施引入市场化手段及社会力量，引导和鼓励社会参与。

（二）国外经验

1. 社会融合政策

在欧盟，政策的核心原则是反对歧视，以确保欧盟成员国的人口在欧盟区域内享有比较全面的权利，包括自由流动权和自由居住权、平等就业权、移民及其子女可以在欧盟成员国内享有受教育权、享受社会保障权利、各种政治权利、家庭团聚权等。欧盟开发了一套测量社会融合的共同指标，即欧盟社会融合指标。

2. 权利与义务对等原则

在美国，不管是本地居民还是流动人口，依法纳税是享受各种公共福利的前提条件。美国将迁移登记与纳税地点相联系，只要向迁入地政府纳税，公民个人及其子女就能获得在当地的发展权。不过，各州都设置等待期要求，规定新迁入者满一年后方可享受本州常住居民的待遇。社会保障号是美国政府进行所有人口管理活动的基点，它记录了个人的各种信息。

3. "户籍簿+住民票"双核心

在日本，户籍簿以家庭为单位，反映个人身份及其家庭成员关系；而住民票以个人为单位，反映个人居所变动、迁移、纳税等信息。日本国民可以自由选择居住地和工作，只要办理完迁进手续和住民登记后，按当地政策和数额交纳保险和税金等，就可以享受迁进地的所有福利。

4. 提供基本公共服务保障

拉美国家在维护社会公平和缩小贫富差距方面作了不少努力，为"贫民窟"人群提供公共产品和服务。"贫民窟"居民的收入水平较低，但同样享受国家提供的基本公共教育、医疗和失业救济等福利保障，并且接受城市的管理。他们逐渐融入城市，成为收入较低但相对稳定的社会阶层和人口群体。

四、完善均等化建议

（一）完善基本公共服务均等化

一要提升质量，完善流动人口子女教育服务。着力提升民办流动人口子女学校的办学水平，使流动人口子女在义务教育阶段可以享受到优质教育；规范民办三级幼儿园和看护点，全面满足流动人口子女学前教育和看护需求。二要提升水平，强化流动人口公共医疗卫生服务。加大财政投入，逐步完善基本医疗保障制度，及时调整充实基本公共服务内容。三要扩大覆盖面，做好流动人口的社会保障工作。将外来从业人员全部纳入城保体系,对外来灵活就业人员,允许他们自愿参加本市城镇职工基本社会保险。四要优化环境,改善流动人口居住服务。加大公共租赁房建设力度,推动有条件的产业园区和农村集体经济组织建设和运营定向集体宿舍,满足在业流动人口的基本居住需求。[1] 五要强化执行,提升流动人口就业服务水平。全面建立面向流动人口的公共就业服务体制框架,完善职业培训体制机制,构建统一的人力资源市场,高效有力地维护劳动权益。

(二)探索居住证积分化管理

积分管理可操作性强、透明度高、政策调整灵活,有利于建立不同类别居住证转换的通道,可以形成外来人员主动融入本地社会的机制。居住证积分管理就是将现行的人才类、就业类和临时类等居住证整合为一个综合体系,并由过去按条件分类向按积分分类转变,建立按积分段划分居住证类别的规则。居住证积分是根据流动人口综合素质和实际贡献情况,科学设定评分指标体系,将个人素质、参保情况、技术创新、担任职务、荣誉称号、社会公益等条件进行指标量化,并对每项指标赋予一定权重分值。同时,对指标累计积分合理划分积分段,不同积分段由低到高分别对应不同类别的居住证。积分累积到一定分值后,即赋予其申请户籍的资格。

(三)建立分层分类的公共服务制度

第一层为免费的、无差别供给的公共服务,如卫生公共资源、文化公共资源及义务教育对流动人口均应免费开放,已经开放的需要进一步提高质量。第二层为差别化的公共服务供给,包括住房保障、养老医疗保险、高中教育等较优质的公共资源。这种差异化的公共服务既表现在与户籍人口的差别,也存在于流动人口群体内部。第三层是根据流动人口的分类提

---

[1] 陈群民,吴也白,徐建,等.进一步完善来沪人员服务和管理,推进城乡统筹发展:上海解决"新二元结构"的途径、前景及举措 [J]. 科学发展,2012(2):3-15.

供不同的公共服务。第一类是针对人才类流动人口，可视为城市"新居民"，为其提供优等化的公共服务；第二类是针对满足"稳定就业、稳定居住"条件的流动人口，视为城市"准居民"，为其提供相对户籍人口均等化的公共服务；第三类是针对非双稳的流动人口，为其提供相对户籍人口差异化的公共服务。

（四）加快公共财政统筹步伐

一要明确市、区、街镇三级资金投入责任，区、街道根据本地实际情况合理确定分担比例。二要建立市级财政专项平衡基金，根据流动人口的变化情况，采用项目投入等方式，对城郊接合部等流动人口集聚的区域进行有针对性的改善。三要加大财政转移力度，通过对各区县常住人口数量的动态监测，定期调整财政投入总量，加大对常住人口快速增长区域的转移支付力度，促进区县基本公共服务的均衡性。

（五）完善综合服务管理信息平台

在现有信息管理系统基础上，进一步整合形成统一的流动人口综合服务和管理平台。横向连通公安、民政、计生、教育、税务、市场监管、社保、房管、卫生等部门现有的信息管理系统；纵向连接各区县、街道（镇）和社区（村），形成纵向到底、横向到边的全覆盖网络，将流动人口的纳税、就业、就医、教育、社保、居住以及社会贡献等相关内容全部纳入，通过平台来完成基本公共服务的供给和管理。

第四节 提升社会治理法治化水平

把社会治理纳入法治化轨道，是社会治理合理性和正当性的来源，是完善社会治理的根本，也是提高社会治理科学化水平的必由之路。社会治理的法治化是我国"依法治国，建设社会主义法治国家"的治国基本方略在社会治理中的具体化，当代中国最大的社会治理创新就是严格贯彻和落实依法治国的方略，建设社会主义法治国家和法治社会。社会治理法治化研究涉及社会学、法学、政治学、管理学等多方面的知识，它需要多学科的交叉融合、多领域的广泛合作、多视角的集成创新。已有成果从法治精神、法治理念、法治手段、法治实践等方面研究社会治理法治化的内涵、方向、原则等，为继续研究奠定了基础，但精细化研究相对不足，本书从法治化程序的角度探讨社会治理的法治化路径。

一、社会治理法治化的内涵

古希腊哲学家亚里士多德（Aristotle）指出，法治应该包含两重含义：已成立的法律获得普遍的服从，而大家所服从的法律又应该是本身制定得良好的法律。[①] 1959年在印度召开的"国际法学家会议"通过了《德里宣言》，这个宣言权威性地总结出法治的三条原则：第一，根据法治原则，立法机关的职能在于创造和维护得以使每个人保持"人类尊严"的各种条件。第二，法治原则不仅要对制止行政权力的滥用提供法律保障，而且要使行政能有效地维护法律秩序，借以保证人们具有充分的社会和经济生活条件。第三，司法独立和律师自由是实施法治原则必不可少的条件。现代法治吸收了古典法治思想的精髓，并在内涵上更为丰富，拓展为用完善的法律保障民主、自由、平等、人权等。

国内学者探讨了社会治理法治化的基本内涵，成果不多。贾宇指出，社会管理创新中应发挥法治的保障作用，通过立法先行，为依法管理社会奠定制度基础；坚持依法行政，建设法治政府；践行司法为民，化解社会矛盾，深入推进社会治安综合治理。他认为法治国家具备以下几个基本特征：（1）有比较完备的法律体系，并且法律是"良善"的法律。（2）法律在国家的政治、经济、文化和社会生活中具有崇高的地位和权威。（3）公

---

① 亚里士多德. 政治学[M]. 吴寿彭, 译. 北京：商务印书馆, 1965：199.

共权力受到制约、政府严格依法行政。这是法治的最核心特征。(4) 法治意味着一个社会基本实现了理性、公平、正义、自由等基本法律价值。① 江必新等认为,社会管理法治化意味着用法治精神统帅社会管理全局,用法治眼光审视社会管理现状,用法治思维谋划社会管理战略,用法治手段破解社会管理难题,用法治方法巩固社会管理成果。实现社会管理法治化,应该以形式法治为基础,以实质法治为主导,以行政法治为重点,以程序法治为核心,以民生法治为后盾。② 蒋晓伟认为,社会管理法治化的基本内涵是建立市民和村民为社会管理最重要主体的体制和机制,并对国家机关和国家机关工作人员实行有效的控权。③

"法治"是相对于"人治"而言的,我们通常认为法治应包含以下要素:其一,一个成熟的法律体系。法治建设必先有法可依,法律体系是法治的必备前提。成熟法律体系的理想化状态是门类齐全、结构严密、内在协调,使人们在政治生活、经济生活和社会生活的主要方面均有法可依。其二,已制定的法律必须公布。法律不公布就没有效力,当然,法律公布并不是要求每个人都确切地了解规范性文件的内容,而是要求存在一系列方便易行的获取规范性文件内容的制度和渠道,以使任何有需要的人都能不受阻碍地获知相关内容。其三,法律必须是明确且可预期的。法律规则必须能够为其接收者所认知和理解,如果法律模糊不清、支离破碎,则会危害法治。同时,法律规则在被遵守前应当是可预期的,可预期性是支撑法治价值的一个较为关键的要素。其四,法律稳定且无内在矛盾。频繁改变的法律和溯及既往的法律会危害法治,这是因为:一方面,这样会破坏法律所应有的确定性、可预期性和权威性;另一方面,会造成社会的权势者通过法律侵害私人权利和公共利益。在稳定性之外,法律还应当内部和

---

① 贾宇. 社会管理创新与法治保障 [J]. 公民与法(法学版), 2011 (8): 2-5.
② 江必新, 罗英. 社会管理法治化三论 [J]. 理论与改革, 2012 (1): 127-131.
③ 蒋晓伟. 论社会管理法治化的基本要素 [J]. 河南财经政法大学学报, 2012 (1): 159-164.

谐，不应出现规则之间的抵触。公认的解决原则是后法优于前法、特别法优于一般法、上位法优于下位法等。其五，司法公正。法官公正地适用法律，通过法律来伸张社会正义，当事人受法律的引导。[1]

二、立法先行是法治化前提

完备的法律体系为依法治理社会奠定制度基础。社会治理法律体系主要由六个方面构成：民生民权服务保障法制；社会纠纷多元解决法制；安全稳定维护应对法制；公民社会培育发展法制；社会治理队伍建设法制和社会治理组织法制。[2] 有学者统计了自新中国成立以来至2011年我国制定且生效的社会治理类法律法规主要有105件：（1）社会法类（社会福利、社会保障等）法律法规共计37件，其中，法律及决定21件，行政法规16件。（2）行业管理类法律10件。（3）生态环境保护类法律法规15件，其中法律13件，法规2件。（4）维稳与平安建设法律法规39件，其中法律16件，法规13件。（5）城市管理立法2件，其中法律1件，法规1件。（6）城乡统筹法律法规2件。[3] 2010年3月，吴邦国委员长郑重宣布，具有中国特色的社会主义法律体系已经形成。这标志着我国社会主义法治建设进入了一个新的历史阶段，但并不代表立法工作停止，随着改革开放的深入，中国特色的社会主义法律体系还将在动态、开放、发展的格局中不断完善。

既有的社会治理类法律法规存在以下问题：社会法立法不充分；社会组织自治、公民权利、社会事业立法欠缺；社会治理法律空白较多，已有社会治理立法的"管制"色彩鲜明。民生领域的基础立法是社会保障法，可我国尚没有一部统一的社会保障法。基于此，建议从以下几个方面完善

---

[1] 朱新力，蓝蔚青，浙江省人事厅．"法治浙江"与和谐社会建设 [M]．杭州：浙江人民出版社，2008：4-5．
[2] 刘旺洪．社会管理创新与社会治理的法治化 [J]．法学，2011（10）：42-46．
[3] 杨宗科．创新社会管理的立法机制 [J]．法学杂志，2011（12）：15-20．

社会治理领域法治化建设。

1. 加快社会法的立法进程

社会法一般是指维护社会公共利益的法律，维护弱者的权利和民生福祉是其核心内容，它在一定程度上被称为"民生之法"。我国已颁布的社会法有《工会法》《公益事业捐赠法》《职业病防治法》《安全生产法》《社会保险法》《劳动法》《劳动合同法》《劳动争议调解仲裁法》《环境保护法》《未成年人保护法》《预防未成年人犯罪法》等法律，还需要加快社会领域一些基本法律建设，如工资法、集体劳动关系法、社会救济法、社会福利法等。[①] 近年来，全国人大在民生立法方面成就卓著，《民法典》《劳动合同法》《食品安全法》《社会保险法》《精神卫生法》等关系亿万人民群众切身利益的法律法规陆续出台或修改完善，集中民智、反映民情、贴近民生。

2. 完善网络信息治理法律法规

现有立法为清理网络上不良现象、解决虚拟社会问题提供了基础性的法律依据，但还存在以下问题：网络违法犯罪认定原则笼统，缺乏可操作性；网络电子证据力度不够，调查举证难度较大；网络犯罪后果缺乏权威评估，实际损失难以量化；网络犯罪案件跨域性广，管辖权限难以明确，等等。尽快完善立法惩治网络虚拟社会犯罪，刻不容缓。为此，需要完善现行刑法中的有关条款，增加非法使用计算机存储容量、盗用计算机服务等罪名，扩大"计算机信息系统"等概念外延，将金融、交通、电力、医疗、社保等涉及国家安全、民生的计算机信息系统纳入保护范围。需要明确网络犯罪的立案标准，确定虚拟财产的物权属性和受保护性，并给予电子证据应有的法律地位。同时，加强对有关法规等的修改，逐步建立起系统、高效、严谨的虚拟社会法律规范体系。

[①] 贾宇. 社会管理创新与法治保障 [J]. 公民与法（法学版），2011（8）：2-5.

3. 健全社会组织立法

社会组织的发展壮大及其与国家的良性互动关系是社会治理体制中发挥"社会协同"作用的前提条件。深化社会组织管理体制改革的目标是：健全法制、规范管理、优化服务，促进民间组织发展，强化政府与民间组织合作，形成社会治理和社会服务的合力。[①] 目前，社会组织管理工作尚存在以下问题：偏重以登记管理为核心的程序性规定，缺乏对公民结社的实体内容的系统规范；偏重对行政管理的规定，缺乏对社会组织内部组织与财务管理等方面的立法规范；偏重以"年检"为标志的检查制度的设置，缺乏检查内容、操作程序、违规处罚，以及法律责任等方面的操作性规范。国家应通过立法，赋予社会组织行政主体或公法人的资格，并明确社会组织的法律地位、工作范围、经费来源、管理手段、财务管理等，使培育和发展社会组织尽快走上法治化的轨道。

三、司法公正是法治化底线

司法公正一般是指司法活动的过程和结果能够坚持和体现公平、正义的原则。[②] 它是司法结果公正与司法过程公正的有机统一，即通过实质的司法过程公正来追求实质的司法结果公正。司法公正还是程序公正和实体公正的辩证统一，这至少要满足三个方面的标准：第一，司法裁判必须具有居中性，任何人都不能做自己案件的法官；第二，司法活动中必须保证纠纷的当事人享有自由充分的辩护权、发言权、申诉权，保证纠纷的当事人能够平等地利用司法活动维护自己的合法权益；第三，司法活动必须依据法律进行裁判，不能徇私枉法。司法是保障社会正义的最后一道屏障，司法裁判具有终局性，司法终局的主要内容包括：尊重司法权威；认同司法为解决纠纷的终极机制；自觉接受生效裁判结果；非经司法程序不得变

[①] 何增科. 深化十大社会管理体制改革的具体构想 [J]. 北京行政学院学报, 2010 (2): 16-21.
[②] 何家弘. 司法公正论 [J]. 中国法学, 1999 (2): 11-19.

更裁判结果。

(一) 恪守司法公正的底线

一要保障司法机关依法独立行使司法权。完善司法保障制度,从体制上保证司法机关依法独立、公正地行使审判权和检察权。《宪法》第131条规定:"人民法院依照法律规定独立行使审判权,不受行政机关、社会团体和个人的干涉。"《宪法》第136条规定:"人民检察院依照法律规定独立行使检察权,不受行政机关、社会团体和个人的干涉。"这两条宪法原则强调司法机关依法独立行使职权,体现了司法的本质和规律。二要强化程序意识和程序正义。科学严密的司法程序,有利于保证诉讼过程的公平性和结果的准确性,维护司法的尊严和权威。强化程序正义的关键是维护程序的严肃性,严格执行程序法的各项规定,保持司法者的中立和平等,增强司法活动的公开性和透明度,使当事人更加理解、服从和信赖诉讼的结果。三要妥善推进能动司法。在社会治理活动中开展能动司法,弥合法律规定和社会现实之间的矛盾,这既是司法回应社会现实的理性选择,也体现了司法的自身发展规律。能动司法要建立健全涉诉民意沟通表达机制、诉讼利益协调平衡机制、司法公开机制、公共政策司法运行机制。同时,能动司法必须守护法律的底线,不能否定"执法办案是人民法院的第一要务",防止它成为部分非法行政行为的助推器。

(二) 强化民生司法

民生司法就是为民司法。最高人民法院2008年出台了《最高人民法院关于充分发挥行政审判职能作用为保障和改善民生提供有力司法保障的通知》(法〔2008〕125号),要求各级法院把保障和改善民生贯彻到行政审判和非诉行政案件执行的每一个环节,要求以积极的态度救济民权,以优质的服务减轻民负,以快捷的审理解除民忧,以公正的裁判保障民利,以有力的执行实现民愿。司法关注民生,将有效解决民生问题和化解民生矛盾作为司法工作的出发点;司法保障民生,将全力保障民生权利和维护民生权益作为司法工作的着力点;司法改善民生,将依法增加民生福利和实现民生权益作为司法工作的落脚点。

四、依法行政是法治化关键

依法行政是法治的重心所在。法治的本质特点和主要内容就在于对公共权力尤其是行政权力的规范和约束。如哈耶克(Hayek)所说:"法治的意思就是指政府在一切行动中都受到事前规定并宣布的规则的约束。"①依法行政是现代法治国家行使权力时普遍遵循的基本原则,也是我国社会主义法治建设的重要内容。依法行政的基本要求是合法行政、合理行政、程序正当、高效便民、诚实守信、权责统一。在社会治理活动中,不能把依法行政看作依法治理社会,依法行政要解决的是行政机关活动的合法性问题,规范的是行政权力而不是老百姓。依法行政所依的"法"首先是国家的宪法和法律,其次才是行政法规、地方性法规和规章等。

建设法治政府是依法行政的根本目标。法治政府是相对于"人治政府""专制政府"而言,《全面推进依法行政实施纲要》从七个方面规定了全面推进依法行政,建设法治政府的内在标准,即合理配置政府职能和完善行政管理体制、建立健全科学民主决策机制、提高制度建设质量、理顺行政执法体制和规范行政执法行为、建立防范和化解社会矛盾的机制、强化对行政行为的全方位监督、提高公务员依法行政观念和能力。法治政府的基本特征和价值取向是有限政府、诚信政府和责任政府。

行政执法是依法行政的关键。当前,社会治理执法理念滞后,现实中以权谋私、人治的现象依然存在。社会治理主体单一,非政府组织和公众参与不足。执法中程序规则缺乏,我国还没有制定出一部统一的行政程序

---

① 弗雷德里斯·奥古斯特·冯·哈耶克. 通往奴役之路 [M]. 王明毅,等译. 北京:中国社会科学出版社,1997:73-74.

法，行政机关在执法中更注重实体权力，忽视程序规则。[①] 在社会治理活动中，政府应通过依法界定执法职责，明确执法权限，促使行政机关依法履行职责，既不越权又不失职；通过建立健全行政执法程序，规范行政执法行为，提高执法效率；通过评议考核和责任追究，加强对行政执法活动的监督，从而提高行政执法的质量和水平。

"社会治理，说到底是对人的管理和服务，涉及广大人民群众切身利益，必须始终坚持以人为本、执政为民，切实贯彻党的全心全意为人民服务的根本宗旨，不断实现好、维护好、发展好最广大人民根本利益。"[②] 民生法治要求行政机关依法行政，最大限度地保证民生政策能够真正落实和持续，以实现惠及民生的初衷。完善社会保险制度、社会福利制度与社会救助体系，加强对弱势群体的保护。完善个人权益保护机制、个人诉求表达机制、社会矛盾化解机制，消民怨、排民忧、解民难。按照社会大众自觉接受管理、主动配合管理、积极参与管理的目标，尽量满足社会大众的民生愿望。

五、法律监督是法治化保障

法律监督要求国家机关依法定职权和程序对立法、执法、司法等过程的合宪性、合法性、合理性进行监察和督导并对违法活动加以纠正。法律监督是保证法律、法规正确实施，防止行政机关、司法机关滥用权力，维护公民合法权益的重要手段和方法。孟德斯鸠（Montesquieu）说："一切有权力的人都容易滥用权力，这是万古不易的一条经验。有权力的人们使用权力一直到遇到有界限的地方才休止。"[③] 我国法律监督包括权力机关监督、司法机关监督和行政机关监督的三种监督形式。权力机关监督指各

[①] 陈珺珺.社会管理法治化问题探析 [J].法制与社会，2012（13）：157－159.
[②] 胡锦涛.扎扎实实提高社会管理科学化水平 建设中国特色社会主义社会管理体系 [N].人民日报，2011－02－20（1）.
[③] 孟德斯鸠.论法的精神：上册 [M].张雁深，译.北京：商务印书馆，1959：154.

级人大及其常委会依据法定职权和程序对立法以及法律实施进行监督。权力机关的立法监督既包括对享有立法权的权力机关的监督，也包括对享有立法权的行政机关的监督。《宪法》第134条明确规定："中华人民共和国人民检察院是国家的法律监督机关。"这表明检察院是我国专门的法律监督机关。人民法院依法对法院系统和其他国家机关执法、司法活动的合法性进行监督。行政机关一般是监督的对象，但行政机关内部还存在自我监督，即各级国家行政机关对行政机关自身行为合法性所实施的监督。

（1）社会治理的立法监督。有法可依是严格实施监督的前提条件，因此要强化监督权力首先必须完善相关立法。在内容上，立法监督不仅对立法活动的结果进行监督，而且对立法活动的过程进行监督，即对立法的权限和程序是否合法进行监督。监督的主要内容包括：其一，合法性。主要考察社会治理立法是否与上位法冲突，与其他法律要协调一致。其二，规范性。主要考察社会治理法律法规的逻辑结构即行为模式和法律后果的设定是否完整、是否符合立法的明确要求等。其三，可行性。主要考察社会治理法律法规是否符合实际需要，是否具有可操作性，是否能够发挥实际效力；还应当对法律法规的执行情况以及存在的问题进行分析。其四，适应性，主要考察社会治理法律法规与社会生活关系的法律协调与满足问题，评估立法是否具有一定的弹性、能否适应社会发展变化的时代需要等。[1]

（2）社会治理的司法监督。各级人大及其常委会要加强对社会治理法律立法及其实施的监督检查，保证在本行政区域内得到遵守和执行。充分发挥检察机关作为专门法律监督机关的作用，依法对公安机关的刑事侦查和人民法院的审判活动进行监督，纠正社会治理中执法不严、司法不公的问题，促进执法、司法机关提高运用法律手段协调解决利益冲突、化解社会矛盾纠纷的水平。人民法院既要对系统内部的具体审判活动及其裁决

---

[1] 杨宗科. 创新社会管理的立法机制 [J]. 法学杂志, 2011 (12): 15-20.

的合法性进行监督，又要对系统外部的国家机关行为的合法性进行监督。

（3）社会治理的执法监督。各级政府要自觉接受人大监督、政协民主监督、司法监督，重视发挥社会监督的作用，同时更加注重行政内部监督。一要公开管理服务。让人民群众了解政府办了哪些事、正在办哪些事、如何实施管理和提供服务，让人民群众更好地参与和监督，也使社会治理工作得到人民群众的理解和支持。二要健全监督机制。强化上级行政机关对下级行政机关的层级监督，既要监督个案，也要监督整体工作落实，建立动态监督机制。加强监察、审计等专门监督，建立社会治理绩效考核制度，完善投诉举报制度。① 健全公安、检察、审判机关相互配合、制约和监督的工作机制，加大惩治和预防职务犯罪力度。三要建立问责制度。认真执行党政领导干部问责规定，明确岗位职责，规范工作程序，加强绩效管理，健全责任体系，对决策失误、违法行政、滥用职权、失职渎职等行为，要严格依法追究有关领导和工作人员的责任，做到有权必有责、用权受监督、违法受追究、侵权须赔偿，提高执法效果。②

健全监督手段，完善监督程序。在人大监督方面，按照《各级人民代表大会常务委员会监督法》规定对现有社会治理法律进行修改和完善，进一步细化执法检查、专项工作报告等行之有效的监督手段的操作程序，增强人大监督的权威性、有序性和实用性。在检察机关监督方面，着力推进职务犯罪侦查工作机制、审查逮捕、公诉方式、法律监督说理等改革，同时完善对诉讼活动的法律监督机制，深化人民监督员制度探索，健全外部监督制约机制。

---

① 葛慧君．推进依法行政 提高社会管理法治化水平［J］．今日浙江，2011（13）：10－11．
② 赵洪祝．进一步提高社会管理法治化水平［J］．今日浙江，2011（17）：8－9．

主要参考文献

一、著作

[1] 费孝通. 乡土中国 生育制度［M］. 北京：北京大学出版社，1998.

[2] 林语堂. 吾国吾民［M］. 黄嘉德，译. 西安：陕西师范大学出版社，2006：35.

[3] 余英时. 中国近世宗教伦理与商人精神［M］. 合肥：安徽教育出版社，2001：158.

[4] 金耀基. 从传统到现代［M］. 北京：中国人民大学出版社，1999：17.

[5] 杨国枢，余安邦. 中国人的心理与行为［M］. 台北：桂冠图书公司，1993：87－142.

[6] 阎云翔. 私人生活的变革：一个中国村庄里的爱情、家庭和亲密关系：1949—1999［M］. 龚小夏，译. 上海：上海书店出版社，2006：163.

[7] 强世功. 法制与治理：国家转型中的法律［M］. 北京：中国政法大学出版社，2003：101.

[8] 范愉. 多元化纠纷解决机制与和谐社会的构建［M］. 北京：经济科学出版社，2011：36，43，348－349.

[9] 季卫东. 法律程序的意义：对中国法制建设的另一种思考［M］. 北京：中国法制出版社，2004：5.

[10] 梁治平. 清代习惯法：社会与国家［M］. 北京：中国政法大学出版社，1996：53.

[11] 顾忠华. 韦伯学说的当代诠释［M］. 北京：商务印书馆，2016：310，313.

[12] 高丙中. 民俗文化与民俗生活［M］. 北京：中国社会科学出版社，1994.

[13] 顾东辉. 社会工作评估［M］. 北京：高等教育出版社，2009：18.

[14] 陈柏峰. 半熟人社会：转型期乡村社会性质深描［M］. 北京：社会科学文献出版社，2019：17－20.

[15] 王铭铭，王斯福. 乡土社会的秩序、公正与权威［M］. 北京：中国政法大学出版社，1997：417.

[16] 佐斌. 中国人的脸与面子：本土社会心理学探索［M］. 武汉：华中师范大学出版社，1997：41－44.

[17] 翟学伟. 中国人的脸面观：形式主义的心理动因与社会表征［M］. 北京：北京大学出版社，2011：127.

[18] 周晓虹. 西方社会学历史与体系：第一卷［M］. 上海：上海人民出版社，2005：251，292－293.

[19] 袁中金，王勇. 小城镇发展规划［M］. 南京：东南大学出版社，2001：46－75.

[20] 冯云廷. 城市聚集经济：一般理论及其对中国城市化问题的应用分析［M］. 大连：东北财经大学出版社，2001：15－32，59－76.

[21] 郑弘毅. 农村城市化研究［M］. 南京：南京大学出版社，1998：132.

[22] 张鸿雁. 侵入与接替：城市社会结构变迁新论［M］. 南京：东南大学出版社，2000：36－45，461－467.

[23] 刘传江. 中国城市化的制度安排与创新［M］. 武汉：武汉大学出版社，1999：126.

[24] 张英，张廷玉. 父子宰相家训［M］. 4版. 江小角，陈玉莲，点注. 合肥：安徽大学出版社，2017：66.

[25] 罗伯特·C. 埃里克森. 无需法律秩序：邻人如何解决纠纷［M］. 苏力，译. 北京：中国政法大学出版社，2003：1.

[26] 彼得·罗希，等. 项目评估：方法与技术［M］. 邱泽奇，译. 北京：华夏

出版社，2002：413.

[27] 彼得·罗希，马克·李普希，霍华德·佛里曼. 评估：方法与技术［M］. 邱泽奇，王旭辉，刘月，等译. 重庆：重庆大学出版社，2007：236.

[28] 罗伯特·K. 默顿. 社会理论和社会结构［M］. 唐少杰，齐心，等译. 南京：译林出版社，2015：170.

[29] 欧文·戈夫曼. 污名：受损身份管理札记［M］. 宋立宏，译. 北京：商务印书馆，2009：12.

[30] 钱德勒. 看得见的手：美国企业管理革命［M］. 重武，译. 北京：商务印书馆，1987：187.

[31] 乔纳森·特纳. 社会学理论的结构［M］. 邱泽奇，等译. 北京：华夏出版社，2001.

[32] 科特威尔. 法律社会学导论［M］. 潘大松，等译. 北京：华夏出版社，1989：182.

[33] 马克斯·韦伯. 经济与社会：第一卷［M］. 阎克文，译. 上海：上海人民出版社，2010.

[34] 斐迪南·滕尼斯. 共同体与社会［M］. 林荣远，译. 北京：商务印书馆，1999：52，95，108.

[35] 鲁道夫·冯·耶林. 为权利而斗争［M］. 胡宝海，译. 北京：中国法制出版社，2004：20.

[36] 国松久弥. 城市化过程［M］. 北京：中国建筑工业出版社，1987：91-100.

[37] 棚濑孝雄. 纠纷的解决与审判制度［M］. 王亚新，译. 北京：中国政法大学出版社，1994：21，79.

二、期刊

[1] 孙立平，王汉生，王思斌，等. 改革以来中国社会结构的变迁［J］. 中国社会科学，1994（2）：47-62.

[2] 何海兵. 我国城市基层社会管理体制的变迁：从单位制、街居制到社区制

[J]. 管理世界, 2003 (6): 52-62.

[3] 胡林英, 丛亚丽. 医学专业精神的初步研究 [J]. 医学与哲学（人文社会医学版）, 2007 (3): 10-13.

[4] 张卫平. 司法公正的法律技术与政策: 对"彭宇案"的程序法思考 [J]. 法学, 2008 (8): 138-152.

[5] 赵旭东. 论纠纷的构成机理及其主要特征 [J]. 法律科学（西北政法大学学报）, 2009, 27 (2): 82-91.

[6] 梁莉, 王振方. 中西方医学专业精神异同: 概念的比较 [J]. 医学与哲学（人文社会医学版）, 2009, 30 (10): 18-20.

[7] 阎云翔. 社会转型期助人被讹现象的人类学分析 [J]. 徐大慰, 译. 民族学刊, 2010 (2): 1-12.

[8] 贾宇. 社会管理创新与法治保障 [J]. 公民与法（法学版）, 2011 (8): 2-5.

[9] 杨宗科. 创新社会管理的立法机制 [J]. 法学杂志, 2011 (12): 15-20.

[10] 郑永年, 黄彦杰. 中国的社会信任危机 [J]. 文化纵横, 2011 (2): 18-23.

[11] 范愉. 《中华人民共和国人民调解法》评析 [J]. 法学家, 2011 (2): 1-12.

[12] 朱虹. 信任危机与中国体验 [J]. 江苏行政学院学报, 2012 (5): 66-68.

[13] 徐士强, 高光. 普通高中面向境内学生开设国际课程的现状、问题与建议: 以上海为例 [J]. 教育发展研究, 2012 (6): 11-15.

[14] 陈群民, 吴也白, 徐建, 等. 进一步完善来沪人员服务和管理, 推进城乡统筹发展: 上海解决"新二元结构"的途径、前景及举措 [J]. 科学发展, 2012 (2): 3-15.

[15] 周安平. 对"见死不救"事件的道德和法律追问 [J]. 江西社会科学, 2013 (1): 135-141.

[16] 聂长建. "见死不救"入法的道德困境 [J]. 伦理学研究, 2013 (2): 74-78.

［17］王岩，魏崇辉. 协商治理的中国逻辑［J］. 中国社会科学，2016（7）：26－45.

［18］邓春梅，潘志坤. 中国乡村调解的权威嬗变及其思考：以马克斯·韦伯权威类型理论为分析工具［J］. 石河子大学学报（哲学社会科学版），2016（2）：51－55.